Dominique Ellen van de Pol

Achtsam und erfüllter leben –
Gut fürs Klima, den Geldbeutel und dich

AF202234

Das Buch

Viele Menschen fühlen sich derzeit überfordert angesichts der kaum zu überblickenden Empfehlungen zum Thema Nachhaltigkeit. Dabei können wir mit freiem Kopf deutlich mehr bewirken – auch beim Klimaschutz. Genau dabei hilft dir dieses Buch. Erlerne die Kunst achtsamer Selbstfürsorge und lege so die Basis für ein gesundes und nachhaltiges Engagement.

Mit diesem Ratgeber liefert die erfolgreiche Achtsamkeitscoachin und Nachhaltigkeitsexpertin Dominique Ellen van de Pol einen praktischen Wegweiser, um gelassener, fokussierter und klimaschonender durchs Leben zu gehen. Er kombiniert die effektivsten Klimaschutz-Strategien aus den Bereichen Konsum, Wohnen, Freizeit und Mobilität mit inspirierenden Tipps und Impulsen für deinen Alltag. Woche um Woche erkundest du eine neue Facette achtsamen und klimabewussten Lebens – ohne dich dabei zu verzetteln oder zu überfordern.

Raus aus dem Krisenmodus – rein in deine Selbstwirksamkeit.

Die Autorin

Dominique Ellen van de Pol (geb. 1982) macht sich als freie Autorin, Beraterin und Coachin für Achtsamkeit, klimabewussten Lifestyle und nachhaltigen Modekonsum stark. Seit 15 Jahren ist sie deutschlandweit als Speakerin im Einsatz und regelmäßig Gast in den Medien, beispielsweise mit Interviews und Beiträgen im WDR, Deutschlandfunk, in Zeitschriften wie der Zeit, FAZ, Brigitte, Stern, im Purpose Magazin, auf Magenta-TV und vielem mehr.

2020 erschien ihr Buch »Achtsam Anziehen«. Mit ihrem Mann und ihrer Tochter lebt sie in Essen – im Herzen des Ruhrgebiets. Als Coachin für Fragenbasierte Stressreduktion führt sie dort ihre eigene Coaching-Praxis und begleitet Menschen (vor Ort und ortsunabhängig) auf ihrem Weg in ein ausgeglicheneres, erfüllteres Leben.

Dominique Ellen
van de Pol

Achtsam und erfüllter leben

*Gut fürs Klima,
den Geldbeutel
und dich*

Deutsche Erstveröffentlichung bei
Topicus, Amazon Media EU S.à r.l.
38, avenue John F. Kennedy, L-1855 Luxembourg
Mai 2024
Copyright © der deutschsprachigen Ausgabe 2024
By Dominique Ellen van de Pol

Umschlaggestaltung: Tom Howey, Berlin, www.tomhowey.com
Umschlagmotiv: © Elala © Gringoann.art © morevaart / Shutterstock
Abbildungen und Fotos im Innenteil: © Dominique Ellen van de Pol
1. Lektorat: Ute Köhler
2. Lektorat, Korrektorat und Satz:
VLG Verlag & Agentur, Haar bei München, www.vlg.de
Gedruckt durch:
Amazon Distribution GmbH, Amazonstraße 1, 04347 Leipzig /
Canon Deutschland Business Services GmbH,
Ferdinand-Jühlke-Str. 7, 99095 Erfurt /
CPI books GmbH, Birkstraße 10, 25917 Leck

ISBN 978-2-49671-516-3
e-ISBN 978-2-49671-515-6

www.topicus-verlag.de

Für meine geliebte
Tochter Noëmi,
die meinen Blick auf diese
Welt verwandelt hat.

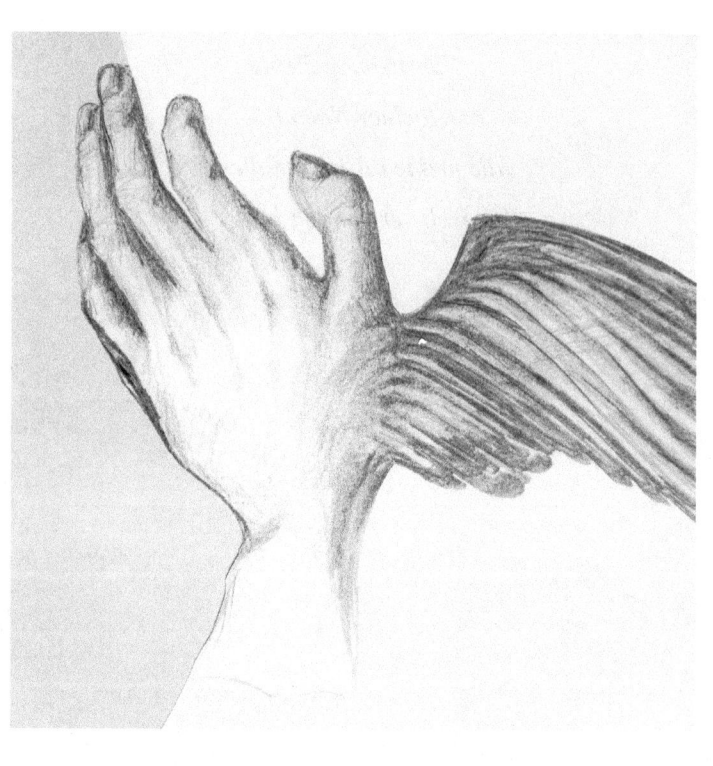

Inhaltsverzeichnis

Porträt Dominique Ellen van de Pol

Intro

Dieses Buch ist gedacht für all die Menschen, die die Klimakrise beschäftigt und besorgt stimmt. Für alle, die die Dringlichkeit der Lage längst verstehen und die es leid sind, sich trotz vielfältiger Bemühungen für mehr Nachhaltigkeit und Klimaschutz immer wieder ohnmächtig und hoffnungslos zu fühlen. Die mit ihren individuellen Mitteln und Möglichkeiten einen echten Beitrag leisten wollen für eine sichere und lebenswerte Zukunft künftiger Generationen. Für neugierige Leserinnen und Leser, die offen sind für Experimente, neue Erfahrungen und positive Veränderungen in ihrem Leben.

Klimaschutz trifft Achtsamkeit

Dieser 12-Wochen-Guide kombiniert die Themen Achtsamkeit und Resilienz mit den Facetten eines klimabewussten Lifestyles. Doch wie passen diese unterschiedlichen Themen zusammen und warum lohnt es sich, sie zu kombinieren und gemeinsam anzugehen? Weil es einen Grund gibt, weshalb Gesellschaft, Politik und Wirtschaft unter dem Strich noch viel zu wenig für den Klimaschutz tun, und es den Anschein hat, dass alle einfach so weitermachen wie bisher. So lehrt uns die Psychologie, dass wir Menschen uns immer nur mit einer überschaubaren Anzahl an Problemen gleichzeitig beschäftigen können. Dabei geben wir unbewusst den Themen Vorrang, die unseren Alltag vermeintlich am direktesten betreffen. Die multiplen Krisenszenarien der vergangenen Jahre im Rahmen der Coronapandemie, des Ukrainekrieges, der Energiekrise und vieler weiterer Bedrohungen haben unsere Kraft und Aufmerksamkeit erschöpft. Für die Klimakrise, die sich für viele Menschen noch immer vergleichsweise abstrakt und unabänderlich anfühlt, fehlt daher oftmals die nötige Energie für eine Auseinandersetzung. Wir ziehen uns von der Welt zurück in unseren Kokon, verharren in Schockstarre oder in vertrauten Verhaltens- und Konsummustern – dabei ist unser individueller Beitrag zur Lösung der Klimakrise wichtiger denn je. Stoßen wir in den Medien auf die neuesten Schreckensnachrichten zur Klimakrise, rufen diese unterbewusst stressige Gedanken und schmerzhafte Gefühle in uns wach, weshalb viele Menschen eine aktive Auseinandersetzung mit diesem Thema automatisch meiden.

Entspannter und erfüllter leben innerhalb planetarer Grenzen

Wenn wir stattdessen körperlich und geistig aus unserer vollen Kraft schöpfen, können wir in unserem täglichen Tun deutlich mehr bewirken – auch beim Thema Klimaschutz. Denn um wirklich ins Machen zu kommen und Dinge zum Positiven verändern zu können, benötigen wir zuallererst die Energie und den inneren Raum dazu. Anderenfalls empfinden wir Veränderung meist als Belastung. Machen wir uns jedoch die Haltung der Achtsamkeit zu eigen, können wir unser Leben mit Leichtigkeit und Wohlwollen betrachten und umgestalten – in unserem Sinne, entsprechend unseren Werten und tieferen Bedürfnissen. Achtsamkeit liefert uns das optimale Handwerkszeug, um maximal gefestigt, erfüllt und fokussiert durchs Leben zu gehen – gerade in stürmischen Zeiten. In meiner Arbeit als Achtsamkeitscoachin begleite ich andere Menschen in ihrem Alltag und zeige ihnen, wie sie mit minimalem Zeitaufwand effektiv aufatmen können, ihr Stresslevel spürbar senken und ihre Lebensqualität systematisch erhöhen.

Achtsamkeit

... ist eine Form der mentalen Aufmerksamkeit. Der Begriff Achtsamkeit (engl. mindfulness) stammt aus der buddhistischen Tradition und geht auf das Pali-Wort »sati« zurück, das übersetzt »Aufwachen des Geistes« oder »Klarheit des Geistes« bedeutet. Sich in Achtsamkeit zu üben, heißt, wahrzunehmen, was gerade in diesem Moment geschieht, deine körperlichen Empfindungen, die Bewegungen deines Geistes in Form von Gefühlen und Gedanken – ohne diese zu beurteilen. Meditative Achtsamkeitstechniken wie bewusstes Atmen, Gehen oder Sitzen helfen nachweislich dabei, Stress zu reduzieren, die eigene Wahrnehmung zu schärfen und sich aus unbewussten negativen Gedanken- und Verhaltensmustern zu lösen, um selbstbestimmter und freier durchs Leben zu gehen.

Erst Kraft tanken, dann loslegen

Bevor wir also im zweiten Teil dieses Buches in die konkreten Facetten eines klimafreundlichen Lebens einsteigen, schaffst du dir im ersten Teil von »Achtsam und erfüllter leben« zunächst einmal die Grundlage für dein gesundes und nachhaltiges Engagement im Außen. Wie das? Indem du dich innerlich in Stellung bringst und in den ersten Wochen während der Arbeit mit diesem Buch deine Achtsamkeit und Resilienz trainierst.

TEIL 1: Stärke deine Achtsamkeit

- Mit den ersten fünf Kapiteln steigerst du systematisch deine Energie, dein Selbstmitgefühl und deine Fähigkeit, mit stressigen Gedanken und Emotionen einen hilfreichen Umgang zu finden – erst allgemein und später dann speziell im Kontext der Klimakrise.

- Du erhältst Strategien, die dich ermächtigen, immer wieder in deine Selbstwirksamkeit zu kommen, wenn du dich hoffnungslos oder machtlos fühlst.

- Schritt für Schritt errichtest du dadurch eine Art Kraftfeld um dich herum, das dir Klarheit und Ruhe schenkt und dir ermöglicht, trotz aller Herausforderungen im Außen gut für dich und deine Bedürfnisse zu sorgen.

TEIL 2: Die wichtigsten Facetten und Faktoren eines klimafreundlichen Lifestyles

- Mit maximalem Schwung und voller Tatendrang startest du ab Woche 6 in den zweiten Teil dieses Buches. Du verschaffst dir einen Überblick über den Themenkomplex Klima und entdeckst, wie dieser mit deinem Alltag verwoben ist.

- Von Woche 7 bis Woche 12 erwarten dich die effektivsten Klimaschutzstrategien aus den Bereichen Konsum, Mode, Wohnen, Mobilität und Ernährung – mit praktischen Alltagshacks und interaktiven Übungen.

- Eine spannende Abenteuerreise mit kreativen Experimenten, Erkenntnissen und Impulsen, die Spaß machen und dir Orientierung schenken – ohne dich zu überfordern.

- Gut fürs Klima – gut für den Geldbeutel: Mit vielen der vorgestellten Ansätze – zum Beispiel zur Vermeidung von Lebensmittelverschwendung oder zum Stromsparen – schonst du Klima und Geldbeutel.

Pragmatisch, praktisch, gut

Gefühlt gibt es zahllose nachhaltige, teils widersprüchliche Handlungsempfehlungen und Produkte, die uns überfordern können und unsere Aufmerksamkeit erschöpfen. Gleichzeitig machen viele dieser Ansätze kaum einen Unterschied in unserer persönlichen Klimabilanz. Es gilt also, die Spreu vom Weizen zu trennen und uns auf die Themen zu konzentrieren, die aus Klimasicht am massivsten zu Buche schlagen und somit die größten Einsparpotenziale in Bezug auf Treibhausgase bieten. Daher setzen wir im zweiten Teil dieses Buches (ab Woche 7) in den Kapiteln über Konsum, Mode, Wohnen, Mobilität und Ernährung bewusst Prioritäten und arbeiten für jeden dieser Lebensbereiche genau die Faktoren heraus, die unsere persönliche Klimabilanz am stärksten beeinflussen. Statt um Perfektion und Klimaschutz bis ins letzte Detail geht es in »Achtsam und erfüllter leben« darum, in deinem Alltag die richtigen Akzente und Prioritäten zu wählen, wodurch du letztlich einen viel größeren positiven Beitrag zur Klimawende leisten kannst – ohne dich zu überfordern.

Unsere Hauptaufgabe ist nicht, zu sehen,
was unscharf in der Ferne liegt, sondern zu
tun, was unmittelbar vor uns liegt.[1]

(Thomas Carlyle)

Wie du dieses Buch für dich nutzt

Dieses Buch ist eine interaktive Abenteuerreise. Es gliedert sich in zwölf einzelne Wochenmodule und leitet dich systematisch hin zu einem bewussteren und klimafreundlicheren Leben. In jedem Kapitel erwarten dich kleine praktische Übungen, für die du oftmals einen Stift und ein kleines **Notizheft** benötigst. Besorge dir in den kommenden Tagen ein schönes Büchlein für deine Notizen.

Und hier kommt auch schon deine erste praktische Aufgabe zum Warmwerden – für die du jedoch nur deinen Kalender brauchst.

---

[1]   Aphorismen.de (o. J.), Thomas Carlyle.

5-MINUTEN-AUFGABE:
DEINE RUHEINSEL

Nimm dir fünf Minuten Zeit, um deinen Kalender zu sichten und dir einen regelmäßigen Termin zum Schmökern in diesem Buch einzutragen. Schenke dir dadurch den nötigen Raum und die Ruhe, um in den kommenden Wochen am Ball zu bleiben und das Maximum aus deiner persönlichen Selbsterfahrungsreise mit diesem Buch herauszuholen. Reserviere z. B. einen wöchentlich wiederkehrenden Termin von 30 bis 60 Minuten in deinem Kalender, z. B. jeden Sonntag, immer zur selben Uhrzeit. Gestalte dir diese Lesezeiten möglichst angenehm, erholsam, und genieße deine Auszeit vom Alltag – zum Beispiel in deinem Lieblingssessel mit Kuscheldecke, in einem gemütlichen Café oder an einem schönen Ort im Grünen. Du bist zeitlich zu eingespannt für feste längere Lesestunden? Dann gönne dir jeden Morgen oder jeden Mittag 5 bis 10 Minuten Lesezeit und schau einfach, was gut zu dir und deinem Alltag passt. Mache diesen Moment zu deiner persönlichen Ruheinsel und schalte dein Handy auf lautlos, um ungestört lesen und nachdenken zu können, deinen Körper zur Ruhe kommen zu lassen und gleichzeitig deine Seele mit neuen Inspirationen zu füttern.

Woche 1

DEN TEUFELSKREIS DURCHSCHAUEN

In den kommenden vier Wochen steigen wir ein in das faszinierende Phänomen Stress. Wir erkennen, welchen Sinn er erfüllt, wie er entsteht und wie wir mithilfe von Achtsamkeit einen neuen Umgang mit ihm finden können, der uns ermächtigt statt ausbrennt. Ein Weg, der deinen Blick weitet, dein Herz öffnet und dir helfen kann, kraftvoller, gefestigter und befreiter durchs Leben zu gehen.

Vielleicht kennst du das ja auch: Dich immer wieder endlos erschöpft und gleichzeitig aufgekratzt zu fühlen. Dich nach einer echten Auszeit zu sehnen und trotzdem viel zu selten Pausen einzulegen. Weil du das beklemmende Gefühl hast, nicht genug Zeit zu haben, und – wie so oft, nach deinem Ermessen – viel zu wenig geschafft hast. Zu grübeln, zu hadern, zu hetzen. Dem Leben gefühlt immer einen Schritt hinterherzuhinken. Und dich selbst in Situationen, die eigentlich schön sein sollten, angespannt und innerlich abwesend zu fühlen. Mehrmals am Tag ertappst du dich dabei, im Kopf ganz weit weg zu sein und die immer gleichen Situationen oder Bilder in Gedanken wieder und wieder hin- und herzuwälzen, die in dir Gefühle von Ärger, Traurigkeit oder Angst befeuern.

Im Überlebensmodus

In dieser Woche blicken wir unter die Oberfläche des Phänomens Stress: Wie entsteht er, was löst er in uns aus und welchen evolutionären Sinn hat das alles? Unsere Spezies Homo sapiens existiert seit circa 40 000 Jahren. In dieser Zeitspanne hat sich unsere Biologie jedoch kaum verändert – lediglich die Art, wie wir heute leben, unterscheidet uns stark vom frühen Homo sapiens. In der Steinzeit mussten unsere menschlichen Vorfahren praktisch täglich ums Überleben kämpfen und waren auf den Zusammenhalt der Gruppe angewiesen. Neben Hunger und Durst gefährdeten Raubtiere, feindlich gesinnte Mitmenschen sowie die Naturgewalten ihre Existenz.

Sympathikus und Parasympathikus sind Teil unseres autonomen Nervensystems – zwei grundverschiedene Zustände, die unsere Organe ganz automatisch steuern. Im entspannten Zustand übernimmt der Ruhenerv Parasympathikus die Steuerung unserer Körperfunktionen. Im Englischen wird dieser Zustand auch »rest and digest« – auf Deutsch »Ruhe- und Verdauungsmodus« genannt. In diesem Zustand der Entspannung kann sich unser Körper optimal regenerieren und neue Kraft tanken – Entzündungen und Wunden können gut abheilen. Der Gegenspieler unseres Ruhenervs ist der Aktionsnerv Sympathikus. Er übernimmt die Kontrolle über unseren Körper und unseren Geist, wenn wir in Anspannung geraten und das Gefühl haben, handeln zu müssen oder in Gefahr zu sein. Sahen wir Menschen uns in der Steinzeit zum Beispiel einem Säbelzahntiger gegenüber, löste dieser furchterregende Anblick in uns eine Reihe lebensrettender, fein abgestimmter Stressreaktionen aus. Dabei ruft unser

Gehirn über den Aktionsnerv Sympathikus einen Alarm im ganzen Körper aus und befiehlt unseren Nebennieren, die Produktion essenzieller Stresshormone wie Adrenalin, Noradrenalin und Dopamin sofort hochzufahren. Unser Blutzuckerspiegel steigt blitzartig, was Muskeln und Gehirn maximale Energie verleiht. Unsere Wahrnehmung verschiebt sich und wir bekommen einen Tunnelblick, damit wir uns ausschließlich auf die Gefahr vor unserer Nase fokussieren können. Genau aus diesem Grund werden andere Prozesse, wie die Verdauung oder der Sexualtrieb, bei Anspannung komplett herunterreguliert. Schließlich haben wir gerade Wichtigeres zu tun und dafür gilt es, jede Energie zu mobilisieren. Atemfrequenz und Herzschlag steigern sich, was uns zusätzlichen Sauerstoff in die Arterien pumpt. Sogar unser Immunsystem bringt sich in Stellung für mögliche Säbelzahntigerbisswunden. So erhöht unser Körper vorsorglich die Gerinnungsfähigkeit unseres Blutes, damit sich offene Verletzungen schneller schließen, wir dadurch weniger Blut verlieren und nicht so schnell an Blutverlust sterben. Mit allen Fasern unseres Organismus befinden wir uns nun im prähistorischen Überlebensmodus (englisch: fight or flight) – bereit, mit aller Kraft um unser Leben zu kämpfen oder bei Bedarf kilometerweit zu rennen, bis wir und unsere Lieben endlich wieder in Sicherheit sind.

Dort atmeten unsere Vorfahren dann erleichtert auf und ruhten sich aus, bis irgendwann der nächste Säbelzahntiger um die Ecke lugte und das ganze Spiel von vorn begann.

Wir haben es hier mit einer sogenannten idealen Stressreaktion zu tun, bei der auf eine starke Anspannung direkt im Anschluss eine intensive Phase der Entspannung folgt. Dadurch kann der menschliche Körper zwischen einzelnen Stressmomenten immer wieder in seinen Ruhezustand zurückkehren und sich erholen. Du siehst also: Die Art und Weise, wie unser Körper auf Stress reagiert, ist an sich überhaupt nichts Schlechtes. Im Gegenteil: Es handelt sich um eine geniale Erfindung der Natur. Jahrtausendelang hat dieser Kniff uns Menschen immer wieder den sprichwörtlichen Hintern gerettet, weshalb wir unserem Körper durchaus für diesen großartigen und komplexen Automatismus danken dürfen.

Was guten von schlechtem Stress unterscheidet

Der Wiener Mediziner, Biochemiker und Forscher Hans Selye unterschied 1936 erstmals zwischen positivem und negativem

Stress. Als guten und anregenden Eustress bezeichnete er Reize, die unsere Gesundheit und Konzentrationsfähigkeit erhöhen. Positiver Stress hilft uns dabei, Aufgaben mit Schwung und Elan zu meistern, ganz egal, ob im beruflichen oder im privaten Kontext, im Haushalt oder beim Sport. Auf der Bühne kann positiver Stress Künstlerinnen und Künstlern zu maximaler Präsenz verhelfen. Fehlen jedoch die Ruhephasen nach einer Stressreaktion oder kommen immer neue Reize hinzu, erhöht sich unser Stresslevel unaufhörlich, bis wir irgendwann unter Disstress leiden – einem Zustand heftiger beziehungsweise chronischer Anspannung, der sich nicht mehr so einfach und schnell auflösen lässt. Häufige Folgen sind zum Beispiel eine gestörte Konzentrationsfähigkeit, Denkblockaden, kreisende Gedanken und Selbstvorwürfe. Darüber hinaus fühlen wir uns erschöpft, überfordert, niedergeschlagen und nervös. Hinzu kommen oftmals Verspannungen, Schlafprobleme, Ängste und diffuse entzündliche Erkrankungen.

Der Übergang zwischen gutem Eustress und ungutem Disstress ist jedenfalls fließend. Vielleicht kennst du das ja auch. Dass deine Stimmung während einer Feier, auf die du dich im Vorfeld lange gefreut hast, durch die Flut an Eindrücken irgendwann kippt und du einfach nur noch deine Ruhe haben möchtest. Die Art eines Reizes schützt uns nicht davor, dass er uns irgendwann zu viel werden kann. Dies gilt für die Freizeit genau wie für den Beruf oder die Familie.

Auch wenn wir das Glück haben, bewusst gewählten, erfüllenden und interessanten Aufgaben nachzugehen – zu viel andauernder Stress bei fehlenden Ruhepausen kann irgendwann jede Leidenschaft und Leichtigkeit versiegen lassen.

Gefangen im Hamsterrad

Wie es sich anfühlt, in einer chronischen Stressspirale gefangen zu sein, durfte ich vor rund sieben Jahren erleben. Als Mutter einer lebendigen Zweijährigen habe ich meine körperlichen und seelischen Bedürfnisse lange Zeit vernachlässigt. Zum einen, weil ich dachte, als Mutter müsste ich meine Interessen zwangsläufig hintanstellen. Zum anderen, weil ich so auf das Funktionieren und Erfüllen aller nötigen Aufgaben im Außen fokussiert war, dass ich meine eigenen Bedürfnisse gar nicht mehr wahrnahm. Das Ergebnis: Nach Jahren mit immer stärker werdenden Infekten, Hautausschlägen und Schlafproblemen erlitt ich schließlich einen schweren Burn-out und war körperlich und seelisch irgendwann völlig ausgebrannt. Mein Immunsystem war so geschwächt, dass ich mir jeden Schnupfen einfing, der dann jeweils in wiederkehrenden, immer schwerer verlaufenden Lungenentzündungen endete. Bedingt durch die chronischen Atemwegsinfekte und durch Atemnot konnte ich auch nachts kaum noch zur Ruhe kommen und monatelang nicht mehr im Liegen schlafen – ein Teufelskreis. Ich verlor extrem an Gewicht, da mein Darm die Nährstoffe aus meiner Nahrung irgendwann nicht mehr normal aufnehmen konnte. Monatelang litt ich unter starken Neurodermitisschüben am ganzen Körper, bei denen auch Kortisonbehandlungen nichts mehr ausrichten konnten. Irgendwann konnte ich einfach nicht mehr aufstehen und weiterfunktionieren. Ich war am Ende und nicht einmal mehr in der Lage, mich um meine kleine Tochter zu kümmern. Mein ständiger innerer Begleiter: der verzweifelte, panische Gedanke »Ich schaffe das alles nicht!«. Dabei hatte ich mir dieses Leben bewusst ausgesucht. Es war mein größter Wunsch gewesen, Mutter zu werden und eine Familie zu gründen. Ich hatte ein wundervolles, gesundes Töchterlein und den besten Mann an meiner Seite, den ich mir nur wünschen konnte. Beruflich konnte ich mich kreativ und selbstbestimmt genau den Themen widmen, die mich begeisterten. Und trotzdem war ich körperlich und seelisch an einem absoluten Tiefpunkt in meinem Leben angekommen. Ich hatte große Angst, dass mein Körper mir vollends den Dienst versagen und ich irgendwann nicht mehr da sein würde, um meine kleine Tochter aufwachsen zu sehen. Wie war ich nur an diesen Punkt geraten und was konnte ich tun, um das Blatt zu wenden und endlich wieder zu Kräften zu kommen?

Bleiben wir in diesem Teufelskreis aus immer neuen Anspannungen hängen, zieht dies viele Menschen nach und nach in eine chronische Stressspirale hinein. Überhören oder ignorieren wir dann weiterhin die Signale unseres Körpers (wie chronische Entzündungen, Schlafprobleme oder Schmerzen), kann dies früher oder später zu einem Burn-out beziehungsweise einer Depression führen. Dort angekommen erscheint jeder neue Tag wie ein unbezwingbarer Berg, alles wird zur Last, alles ist zu viel. Dann haben wir an einem düsteren Ort eingecheckt, dem wir so schnell nicht mehr entrinnen können – eine Erfahrung, die ich anderen Menschen durch die Lektüre dieses Buches gerne ersparen möchte. Und wie die folgenden Zahlen zeigen, fühlen sich heutzutage viele Menschen durch Stress belastet.

Stress in Zahlen:[2]

- 80 Prozent der Deutschen geben an, unter Stress zu leiden.
- Psychische Beschwerden sind mit einem Anteil von 37 Prozent mittlerweile die Hauptursache für Berufsunfähigkeit. Seit 2010 entspricht dies einer Zunahme um 56 Prozent.
- 75–90 Prozent aller medizinischen Beschwerden könnten indirekte Folgen von Stress sein.

In stürmischen Zeiten wie diesen ist es daher entscheidend, unsere mentale Widerstandskraft – Resilienz genannt – sowie unsere seelischen Ressourcen durch gezielte Selbstfürsorge und Stressbewältigung zu stärken.

Wie ein Frosch im Kochtopf

Wann positiver zu negativem Stress wird, hängt also davon ab, ob wir uns nach einer Anspannung wieder unmittelbar entspannen. Darüber hinaus entscheidet auch die Stärke äußerer und

---

[2] DAK Gesundheit (2021), o. S., Swiss Life Deutschland (2021), o. S., Salleh (2008), S. 9–18.

innerer Reize sowie deren schiere Menge darüber, ob guter zu krank machendem Stress wird. So wird uns der Anblick eines Raubtiers auch heute noch weit mehr beunruhigen als die vielen kleinen Stressimpulse, die im Alltag beiläufig auf uns einprasseln; unangenehme Kleinigkeiten wie die vorwurfsvolle Bemerkung einer Kollegin oder eine beunruhigende Überschrift in der Nachrichten-App unseres Handys, die wir in der Mittagspause nur kurz zum Entspannen überfliegen. All diese Reize lösen Stressreaktionen in uns aus – wenn diese auch unterschiedlich stark ausfallen. Haben wir den dramatischen Kampf oder die kräftezehrende Flucht vor dem Säbelzahntiger überstanden, liegt es nahe, erst einmal ausgiebig durchzuatmen und sich zu erholen. Die kleinen gemeinen Stressreize unseres modernen Alltags hingegen werden von uns selten mit einer erfrischenden Ruhephase ausgeglichen. Die ständige Erreichbarkeit, die Flut der Informationen und Bilder, die sich immer mehr beschleunigt, drücken unser inneres Anspannungsniveau im Hintergrund still und leise in die Höhe. Und das macht sich bemerkbar. Wir schlafen schlechter, wundern uns zunehmend über unsere Dünnhäutigkeit, die trostlose Farbe unserer Gedanken oder die nervigen Hautausschläge – während sich unser Leben trotzdem irgendwie normal anfühlt. Wie ein Frosch im

Suppentopf bleiben wir brav im immer heißer siedenden Wasser unseres stressigen Alltags sitzen – ohne uns der inneren Vorgänge und Stressreaktionen bewusst zu sein, die unsere Lebensqualität und unsere Zufriedenheit immer stärker beeinträchtigen. Dabei könnten wir unsere Lage durch einen einzigen beherzten Sprung in die Freiheit entschärfen. Doch unser modernes Leben hat uns vergessen lassen, wo wir zu Hause sind: in unserem Körper, in dem das Leben pulsiert. Der atmet, spürt, sieht, hört, riecht und schmeckt.

Volkskrankheit Erschöpfung

»Die Stressbelastungen, denen wir im Alltag ausgesetzt sind, sind in den vergangenen 70 Jahren kontinuierlich gestiegen. Gleichzeitig ist uns die Fähigkeit abhandengekommen, Stress zu verarbeiten«[3], bringt Dr. Matthias Marquard, Sportmediziner und Autor des Buchs »Erschöpft«, das Problem auf den Punkt. Doch warum haben wir uns von unserem Körper entfremdet und verlernt, loszulassen? Weil wir heutzutage zunehmend in

---

[3] SWR1 Rheinland-Pfalz, Radiointerview mit Dr. Matthias Marquard in der Sendung »Leute«, 11.04.2021.

der Welt der Gedanken leben. Viele Menschen arbeiten am Computer und werden dabei geistig völlig absorbiert. In unserer Freizeit oder auf dem Weg von A nach B konsumieren wir dann gedankliche Inhalte wie Nachrichten, Filme oder Serien – meist an Bildschirmen, die uns bis spät in die Nacht mit aktivierenden oder alarmierenden Reizen befeuern. Parallel dazu telefonieren und chatten wir mit zahlreichen Mitmenschen gleichzeitig. Wirklich präsent im Hier und Jetzt, in echter Verbindung mit unserem Körper und der Wirklichkeit, die uns in diesem Moment umgibt, sind wir so gut wie nie. Wir haben uns daran gewöhnt, uns mental immer an etwas anderem festzuhalten. An Geschichten und Gedanken, die wir permanent in unserem Kopf drehen, wenden, kommentieren und bewerten. Wir sehnen uns danach, alldem zu entfliehen, haben jedoch verlernt, mit uns zu sein – präsent in unserem Körper und im gegenwärtigen Moment. Ohne Reize von außen oder irgendeine Beschäftigung fühlen sich daher viele Menschen zunehmend halt- und rastlos. Das moderne Leben, das sich immer stärker zu beschleunigen scheint, hat uns zweier der wichtigsten Kernkompetenzen beraubt, die wir benötigen, um körperlich und geistig im Gleichgewicht zu leben: unserer Verbindung zwischen Körper und Geist und der essenziellen Fähigkeit, loszulassen.

Genau dies wirst du in den kommenden Wochen lernen: dich regelmäßig mit deinem Körper zu verbinden, um nachzuspüren, wie es dir wirklich geht, was in deinem Inneren los ist, was dein Körper gerade von dir braucht und wie du innere Anspannungen frühzeitig löst.

Das Stehaufmännchen-Prinzip

Die Abfolge von Anspannung und Entspannung lässt sich hervorragend auf den Begriff der Resilienz übertragen. Er geht auf das lateinische Wort »resilire« – auf Deutsch »zurückspringen« oder »abprallen« – zurück und stammt eigentlich aus der Welt der Physik. Resilienz beschreibt die Fähigkeit eines Objekts, nach einer äußeren Krafteinwirkung wieder in seine ursprüngliche Form zurückzufinden. Genau wie ein Gummiball, der am Boden auftrifft, dadurch kurz zusammengestaucht wird, abprallt und innerhalb von Sekundenbruchteilen wieder seine runde Form annimmt. In den 1950er-Jahren übertrug der US-amerikanische Psychologieprofessor Jacob Block den Resilienzbegriff auf den menschlichen Geist.[4]

---

[4] Mauritz (2020), o. S.

Fortan wurde das Wort zum Inbegriff seelischer Robustheit. Resilient zu sein bedeutet, die Fähigkeit zu besitzen, flexibel auf Krisen und Schicksalsschläge zu reagieren und diese unbeschadet zu überwinden. Im Rahmen einer Langzeitstudie[5] auf Hawaii begleiteten die Forscherinnen Emmy Werner und Ruth Smith über vierzig Jahre hinweg mehr als 600 Kinder. Ihre hoffnungsvolle Erkenntnis: Resilienz lässt sich erlernen und ein Leben lang stärken. Auf der Suche nach einem geeigneten Bild für einen neuen Umgang mit Stress können wir einen Blick ins Fitnessstudio werfen. Wollen wir unsere Bauchmuskulatur stählen, ist es nicht zielführend, von null auf hundert mit einem exzessiven Training loszulegen, bis wir entkräftet zusammenbrechen. Für einen effektiven Muskelaufbau ist neben regelmäßigem Training nämlich auch das Einhalten von Ruhepausen entscheidend. Durch sie kann sich unser Körper regenerieren und im Rahmen dessen das Wachstum neuer Muskeln anregen. Wollen wir also widerstandsfähiger werden gegen Stress, gilt es, die Kunst des Loslassens innerer Anspannungen zu trainieren.

---

[5] Werner, Bierman, French (1971).

Dein erstes Werkzeug, um dein persönliches Stresslevel effektiv zu senken, ist dein Atem. Allein durch zehn tiefe ruhige Atemzüge kannst du dich innerhalb von nur zwei bis drei Minuten aus dem Flucht- und Kampfmodus befreien und deinem Körper dadurch signalisieren, dass keine akute Lebensgefahr herrscht, und dein komplettes Nervensystem beruhigen.

Mein Burn-out damals hat mir bewusst gemacht, wie wichtig es ist, Anspannungen loszulassen. Aus diesem Grund habe ich damit begonnen, regelmäßig zu meditieren. Ich dachte, um durch Meditation oder bewusstes Atmen einen spürbaren Effekt auf mein Stresslevel zu erzielen, müsste ich lange und intensiv meditieren und meine Gedanken irgendwie zu kontrollieren lernen. Doch es fiel mir nach wie vor schwer, längere Meditationen in meinen Alltag als Mutter und Selbstständige einzubauen und wirklich regelmäßig zu praktizieren. Eines Tages saß ich wieder einmal in der Praxis meiner Ärztin, und wir suchten nach neuen Ansatzpunkten, um meine zahlreichen Beschwerden zu lindern. Ich hatte an diesem Tag den Eindruck, recht entspannt zu sein. Meine Ärztin schlug eine sogenannte VNS-Messung vor, um zu bestimmen, in welchem Zustand sich mein autonomes beziehungsweise vegetatives Nervensystem gerade befand.

Mithilfe eines Brustgurts wurden meine Herzfrequenz sowie die Aktivität von Sympathikus und Parasympathikus über mehrere Minuten gemessen. Das Ergebnis: Zwar saß ich ganz ruhig auf meinem Stuhl, wodurch mein Entspannungsnerv eigentlich die Oberhand über meinen Stressnerv hätte gewinnen sollen. Jedoch war mein Stressnerv fast dreieinhalbmal so stark aktiviert wie sein ruhiger Gegenspieler. Mein Entspannungsnerv dümpelte auf einem extrem schwachen Wert dahin, weit außerhalb des Normbereichs – kein Wunder also, dass ich gesundheitlich noch immer so angeschlagen war. Ohne dass ich dies bewusst spürte, war mein Nervensystem die ganze Zeit stark angeregt und mein Stresslevel konstant auf einem hohen Niveau.

Die Kraft unseres Atems

An diesem Tag gab mir meine Ärztin eine einfache und wirksame Übung an die Hand, die mich zutiefst überraschte und mich seitdem durch meinen Alltag begleitet. Die Aufgabe: Ich solle mich auf meinen Atem konzentrieren, ihn beruhigen und vertiefen. Zehnmal sollte ich tief ein- und ausatmen und dabei jeden Atemzug an meinen Fingern abzählen. Nach lediglich zwei bis drei Minuten war ich fertig. Ich fühlte mich nicht wirklich anders als vor der Übung – jedoch war ich höchst neugierig auf das Ergebnis der Messung. Als ich den ausgedruckten Zettel mit den gesammelten Messdaten vor mir liegen sah, traute ich meinen Augen kaum: Mit nur zehn tiefen Atemzügen hatte ich das Stresslevel in meinem Körper deutlich herabgesenkt. So war der rote Balken, der meinen Stressnerv Sympathikus illustrierte, fast auf die Hälfte seines Wertes geschrumpft und lag nun im grünen Normbereich. Mein Entspannungsnerv Parasympathikus hingehen hatte um fast 50 Prozent zugelegt. Zwar war mein Stressnerv noch immer etwas stärker aktiviert als sein entspannter Gegenspieler, doch durch meine kleine Atemübung hatten sich beide Werte einander deutlich angenähert. Ich hatte mit eigenen Augen und am eigenen Leib die Kraft meines Atems erfahren. Endlich hatte ich ein Werkzeug zur Hand, mit dem ich direkt ansetzen und mein Stresslevel messbar senken konnte.

Simpel und effektiv: Der Atem-Anker

Bewusstes Atmen kann uns dabei helfen, innere Anspannungen schnell und wirksam zu reduzieren und unseren Geist und unseren Körper wieder im Hier und Jetzt zu verankern – eine simple, schnelle und doch höchst effektive Übung, die sich gut in den Tagesablauf einbauen lässt. Ganz egal, ob du dich dafür am Morgen formschön aufs Meditationskissen setzt, dich auf die Couch kuschelst, in der U-Bahn kurz die Augen schließt oder dich im Büro für drei Minuten aufs stille Örtchen zurückziehst. Nutze dieses Werkzeug im Alltag, um dein Stresslevel immer wieder herunterzuregulieren und Anspannungen frühzeitig aufzulösen, bevor sie dir über kurz oder lang an anderer Stelle Beschwerden verursachen.

Beim Einatmen schenke ich meinem Körper Ruhe,
beim Ausatmen lächle ich.
Ich verweile im gegenwärtigen Moment
und weiß, es ist ein wunderbarer Moment.[6]

(Thích Nhất Hạnh)

---

[6]   Thích Nhất Hạnh (2007), S. 22.

Glocke der Achtsamkeit

Wann immer ich im Alltag merke, dass ich gestresst bin, versuche ich, mir einen Moment lang Zeit zu nehmen und durchzuatmen.

Ich nutze dafür auch die kostenlose Meditations-App Plum Village, die neben zahlreichen geführten Meditationen auch eine digitale Achtsamkeitsglocke bietet, die ich mehrmals am Tag leise auf meinem Handy erklingen lasse, um mich daran zu erinnern, immer wieder zu mir heimzukehren, in meinen Körper hineinzuspüren und Anspannungen bewusst loszulassen.

 Woche 1:
Die wichtigsten Erkenntnisse auf einen Blick:

Stress ist eine geniale Erfindung der Natur, die unsere Überlebenschance in den vergangenen 40 000 Jahren entscheidend erhöht hat.

Um langfristig gesund und glücklich sein zu können, muss auf jede Phase der Anspannung unmittelbar eine Phase der Entspannung folgen.

Steuern wir nicht bewusst dagegen, werden über den Tag verteilt ständig neue Stressreaktionen in uns ausgelöst.

Dadurch kann unser Anspannungsniveau unbemerkt immer mehr steigen.

Durch permanente Erreichbarkeit und die zunehmende Reizüberflutung, die unseren Alltag kennzeichnen, fallen echte Ruhephasen für Körper und Geist immer mehr weg.

Doch Anspannungen können auch als eine Art Trainingsreiz wirken und herausfordernde Situationen können unsere innere Widerstandskraft auf längere Sicht stärken.

Achtsamkeit kann uns helfen, dem Phänomen Stress neu zu begegnen und uns aus dem Teufelskreis der chronischen Erschöpfung zu befreien.

Dabei lohnt es sich, bei folgenden Punkten anzusetzen:

- Raus aus dem Kopf – rein in den Körper: Statt im Automodus durch dein Leben zu hetzen und im Kopf permanent hin- und herzuspringen zwischen Alltagssorgen, offenen Aufgaben und Gedanken an gestern oder morgen, gilt es, mehrmals am Tag auf den sprichwörtlichen Pausenknopf zu drücken und innezuhalten. Die schnellste Art, deine Gedanken loszulassen, ist, dich wieder mit deinem Körper, deinen Sinneseindrücken und dem Leben in dir und um dich herum zu verbinden.

- Nur im Hier und Jetzt sind wir präsent, fähig zu handeln, unser Leben bewusst zu gestalten und zu genießen.
- Aufwachen: Über deinen Atem kannst du dich schnell und effektiv mit deinem Körper verbinden. Auf diese Weise nimmst du Anzeichen von Stress früher wahr. So kannst du gezielt gegensteuern und dein Stresslevel schneller wieder in Richtung Ruhezustand regulieren.

Weniger Stress – mehr Lebensqualität

Lies dir die Anleitung komplett durch und mache die Übung dann einmal direkt im Anschluss:

Alltags-Hack:
Dein Atem-Anker

1. Kehre heim zu dir:
Setze, stelle oder lege dich ruhig hin und schließe, wenn möglich, deine Augen. Wirf deinen inneren Anker aus, indem du alle Gedanken und Geschichten in deinem Kopf loslässt.

2. Zehn tiefe Atemzüge und deinen Körper spüren:

Atme dabei etwas länger aus als ein und zähle die Atemzüge an deinen Fingern mit. Registrierst du Spannungen oder Schmerzen? Dann stelle dir vor, wie sich diese mit jedem Ausatmen mehr auflösen und deinen Körper verlassen. Fühlst du, wie sich dein Brustkorb beim Atmen ausdehnt und zusammenzieht? Den leichten Druck, mit dem dein Körper den Stuhl oder den Boden berührt?

3. Dialog mit dem Körper:

Lege eine Hand auf dein Herz und sprich in Gedanken: »Lieber Körper, danke, dass du da bist und alles für mich gibst. Jetzt bin ich für dich da. Brauchst du etwas von mir (z. B. etwas zu trinken, zu essen, frische Luft, etwas Bewegung oder eine Pause)?«

4. Lächle – du lebst:

Schenke dir ein Lächeln! Du hast soeben erfolgreich und liebevoll für dich gesorgt. Aktiviere deine Sinne und lasse den Radius deiner Aufmerksamkeit wieder größer werden. Spüre das Leben, das sich in diesem Moment in dir und um dich herum entspinnt.

Atem-Anker – das Wichtigste in Kürze:

- Raus aus dem Kopf – rein in den Körper
- 10 x atmen und Anspannungen lösen
- Hand aufs Herz: Bedürfnisse deines Körpers erhören
- Zu guter Letzt: Lächle, du lebst!

 **DEINE MISSION
IN DIESER WOCHE**

Nutze den Atem-Anker in dieser Woche mindestens einmal täglich für dich. Bestimme jetzt mindestens einen Zeitpunkt innerhalb deines Tages, zu dem du dir versprichst, deinen Atem-Anker regelmäßig auszuwerfen und für drei Minuten durchzuatmen. Trage dir dafür einen Termin in deinen Kalender ein, richte dir eine Erinnerung ein oder nutze eine entsprechende App mit Achtsamkeitsglocke und aktiviere sie.

Bereits im 19. Jahrhundert soll die englische Dichterin Elisabeth Barrett Browning folgenden Satz geprägt haben:

»Nichts bringt uns auf unserem Weg besser voran als eine Pause.«

Eine Erkenntnis, an die ich mich im Alltag immer wieder gern erinnere und die auch in unserer heutigen Zeit noch immer ins Schwarze trifft.

Woche 2

EIN LEBEN IM GLEICHGEWICHT

In der vergangenen Woche hast du erfahren, wie wichtig es ist, dein Nervensystem regelmäßig zu beruhigen, und bereits mit dem Atem-Anker experimentiert. Vielleicht ist es dir schwergefallen, in deinem alltäglichen Schwung tatsächlich innezuhalten und dich mit deinem Körper zu verbinden. Falls dies der Fall ist, ärgere dich nicht. Heutzutage fällt es vielen Menschen nicht leicht, in ihrem täglichen Rennen und Hetzen einen Moment lang zu stoppen und durchzuatmen. Womöglich hast du sogar das Gefühl, durch die Hausaufgabe des Ankerns nur noch eine weitere lästige Aufgabe aufgebürdet zu bekommen – wo du doch jetzt schon viel zu viel auf deiner Liste hast. In diesem Fall kann es hilfreich sein, dieses Anhalten in der Hektik des Alltags noch einmal neu zu betrachten.

Es gibt Wichtigeres im Leben, als beständig dessen Geschwindigkeit zu erhöhen.[7]

(Mahatma Gandhi)

---

[7]   Nossin (2016), o. S.

Die Kunst des Müßiggangs

Es gibt eine interessante Anekdote, wie der weltbekannte vietnamesische Zen-Meister, Lyriker und Autor Thích Nhất Hạnh einst die produktive Kunst des Müßiggangs für sich und seine buddhistischen Glaubensschwestern und -brüder entdeckte und fest in den Klosteralltag integrierte. Viele Jahre lang strömten jedes Jahr Tausende Menschen aus der ganzen Welt in sein spirituelles Zentrum Plum Village in Südfrankreich, um die Kunst der Achtsamkeit zu erlernen und ihr Leben zu entschleunigen. Eines Tages fragte Thích Nhất Hạnh – genannt Thay – einen Teilnehmer eines Achtsamkeitsprogramms, wie es ihm hier gefalle. Der Mann erwiderte, es gefalle ihm außerordentlich gut, jedoch würde er sich wünschen, neben dem vollen Zeitplan und den zahlreichen Übungen etwas mehr Zeit zum Ausruhen und zur freien Gestaltung zu haben. Thay dachte über die Worte des Mannes nach und führte daraufhin einen festen, wöchentlich wiederkehrenden »lazy day« ein – einen Tag, der bis heute bewusst dem Müßiggang gewidmet ist. In Anlehnung an den Dalai Lama, mit dem Thay gut befreundet war, und dessen Titel »Your Holyness« (Seine Heiligkeit) lautet, scherzte Thích Nhất Hạnh seitdem immer wieder, man solle seiner nach seinem Tod bitte als »Your Laziness« (Seine Faulheit) gedenken. Im Gegensatz dazu war Thích Nhất Hạnh jedoch sein Leben lang höchst produktiv und machte sich als Wegbereiter des Engagierten Buddhismus bis an sein Lebensende für soziale und ökologische Themen stark. Um sein großes Engagement zu würdigen, schlug Martin Luther King ihn im Jahr 1967 sogar für den Friedensnobelpreis vor. Thay war also alles andere als untätig. Trotzdem hat er erkannt, wie essenziell die Themen Selbstfürsorge, bewusstes Loslassen und Nichtstun für das Gleichgewicht von Körper und Geist sind – ganz besonders, wenn wir uns nachhaltig für einen guten Zweck engagieren wollen.

 TIPP

Das nächste Mal, wenn du merkst, dass du in Eile und angespannt bist, atme dreimal tief durch, übe dich in der rebellischen Kunst der Faulheit und lasse die Welt an dir vorbeihetzen. Ist es nicht herrlich, ein paar Atemzüge lang auszusteigen? Rein gar nichts machen oder erledigen zu müssen? Einfach nur da zu sein und dem Leben in dir nachzuspüren?

Statt zu sagen »Sitz nicht einfach nur
da – tu irgendetwas«, sollten wir das
Gegenteil fordern: »Tu nicht einfach
irgendetwas – sitz nur da.«[8]

(Thích Nhất Hạnh)

In dieser Woche widmen wir uns der Frage, wie wir ein Leben im Gleichgewicht führen können. Denn ein Leben in Balance sorgt dafür, dass wir unsere Kraftreserven immer wieder auffüllen und dadurch am Ende des Tages mehr von unserer Lebensenergie übrig bleibt. Mit dieser Energie können wir letztlich einen viel größeren und positiveren Beitrag zur Klimathematik leisten, als wenn wir permanent über unsere Grenzen gehen. Die Themen, die im Alltag an deinen Kräften zehren und Anspannungen in dir auslösen, werden in der Psychologie als Stressoren bezeichnet. Ihnen gegenüber stehen deine Ressourcen – deine persönlichen Kraftquellen, aus denen du Energie, Lebensfreude und Lebenssinn schöpfst.

---

[8] Ehlers (o. J.), o. S.

Von Energiequellen und Energiefressern

Wollen wir ein gesundes und zufriedenes Leben führen, ist es wichtig, diese beiden gegensätzlichen Pole in Balance zu bringen.

 AUFGABE:
DIE WAAGE

Nimm dir jetzt dein Notizbuch zur Hand, beginne eine neue Seite und zeichne eine waagrechte Linie in die Seitenmitte. Oberhalb dieser Linie fügst du nun an beiden Enden jeweils eine bogenförmige Waagschale ein. Unter die linke Waagschale zeichnest du ein großes Minuszeichen. Auf dieser Seite kannst du gleich deine größten Energiefresser sammeln. Oberhalb der rechten Waagschale zeichnest du ein großes Pluszeichen für die wichtigsten Energiequellen in deinem Alltag.

 ## Kurze Bestandsaufnahme:

1. Trage stichpunktartig die wichtigsten Energiefresser (links) und Energiequellen (rechts) ein, die deinen Alltag aktuell beeinflussen.

2. Schreibe dann unter beide Waagschalen eine Zahl zwischen 0 und 10 für das Gesamtgewicht der jeweiligen Waagschale. Fühlt sich die Last aller Energiefresser extrem schwer an, gibst du ihnen den Wert 10. Hast du momentan kaum Energiequellen in deinem Alltag, wählst du hier eine entsprechend niedrige Zahl.

3. Notiere dein Fazit dieser Bestandsaufnahme und deine Ideen, wo du konkret ansetzen kannst, um deinen Alltag in ein stabileres Gleichgewicht zu bringen.

Die Tatsache, dass unser inneres Gleichgewicht ganz automatisch aus dem Lot kommt, sobald wir einer Waagschale immer mehr Ballast hinzufügen, ohne dieses Gewicht auf der anderen Seite auszugleichen, ist keineswegs überraschend. Trotzdem ist es genau das, was viele von uns täglich praktizieren: Steigen unsere Belastungen, zum Beispiel durch mehr Aufgaben, Zeitdruck oder Zeitnot, strengen wir uns umso mehr an, um alles zu schaffen. Wie selbstverständlich setzen wir den Rotstift auf der Seite unserer Kraftquellen an, streichen Punkt für Punkt – den Spaziergang im Park, die Mittagspause – und arbeiten stattdessen durch. Wir verschieben alles, was uns guttut – Treffen mit Freunden, die Sportstunde, den Ausflug in die Natur –, und glauben fest daran, dass unser Leben sicher bald wieder entspannter wird. Und ohne dass wir es bemerken, wird dieser belastende Alltag zum Dauerzustand. So verbannen wir Stück für Stück alle Erfahrungen und Erlebnisse aus unserem Leben, die uns Kraft, Freude und Sinn vermitteln. Momente der Leichtigkeit, die uns bereichern und unser Leben lebenswert machen. Tätigkeiten, durch die wir uns lebendig fühlen und die uns mit uns selbst, unseren Mitmenschen und dem Leben um uns herum verbinden. Mit anderen Worten: Still und leise opfern wir unser Glück und unsere Gesundheit, um zu funktionieren, und haben dabei das Gefühl, keine andere Wahl zu haben.

Doch selbst wenn all die Aufgaben, die sich vor uns auftürmen, unbezwingbar groß erscheinen – auf längere Sicht ist es absolut ineffizient, alle unsere Energiequellen zu streichen. Im Grunde ist es genau wie beim Autofahren: Bei einem Pkw würden wir auch nicht so lange weiterfahren, bis der Tank komplett leer ist und wir irgendwo auf halber Strecke stehen bleiben.

Stattdessen tanken wir vorausschauend – bevor wir uns dem roten Bereich der Treibstoffanzeige nähern. So geraten wir gar nicht erst in den Stress, dass uns gleich der Treibstoff ausgehen wird, wir keine Tankstelle finden oder sogar im Nirgendwo stranden könnten – angewiesen auf fremde Hilfe. Und trotzdem passiert vielen Menschen im Lebensalltag genau das: Sie versuchen, mit aller Kraft weiter zu funktionieren, bis sie ihren sprichwörtlichen Tank vollends geleert haben und ihr Körper oder ihre Seele irgendwann die Reißleine zieht. Diesem Teufelskreis gilt es also vorzubeugen und vorausschauend Energie zu tanken, damit wir langfristig gesund, leistungsfähig und glücklich bleiben.

Die Kunst des Ausruhens ist ein Teil der Kunst des Arbeitens.[9]

(John Steinbeck)

---

[9] Zitate berühmter Personen (o. J.), John Steinbeck.

Unser individuelles Stressempfinden

Reden wir über das Thema Energiefresser und Energiequellen, ist es wichtig, festzuhalten, dass die Wahrnehmung von Stress von Person zu Person stark variiert. Dies gilt ebenso für die Art, wie wir uns am besten entspannen können: zum Beispiel durchs Alleinsein in einer ruhigen Umgebung oder aber in Gesellschaft anderer. Der Grund dafür: Wir verarbeiten, filtern und bewerten Reize höchst unterschiedlich. Vielleicht hast du auch schon erlebt, dass wir im Alltag ganz verschieden auf Geräusche, andere Sinneswahrnehmungen oder bestimmte Situationen reagieren. Schätzungsweise 20 Prozent aller Menschen (mich eingerechnet) zählen zu den sogenannten **hochsensiblen Personen** (abgekürzt: HSP) und verarbeiten Reize völlig anders als der Rest der Bevölkerung. Hochsensible Menschen besitzen eine deutlich feinere Wahrnehmung und ein überaus starkes Einfühlungsvermögen, durch das sie deutlich mehr aus ihrer Umwelt und ihrer Innenwelt wahrnehmen – zum Beispiel auch die Stimmung ihrer Mitmenschen. Darüber hinaus verarbeiten sie Informationen tiefer und sind dadurch wesentlich schneller überstimuliert als andere.

Der Begriff **Überstimulation** beschreibt den Punkt, an dem guter Stress (Eustress) in schlechten, langfristig krankmachenden

Stress (Disstress) umschlägt und uns in den Überlebensmodus versetzt. Für hochsensible Personen ist der Säbelzahntiger durch ihre besondere Art der Wahrnehmung somit ein regelmäßiger Begleiter im Alltag. Die Fähigkeit, loslassen zu können, ist für ihr mentales und körperliches Gleichgewicht von höchster Bedeutung. Spannend ist, dass viele Betroffene gar nicht wissen, dass sie hochsensibel sind, da sowohl der Begriff als auch die Forschung dazu noch recht jung sind. Stattdessen treiben sich hochsensible Menschen oft umso stärker an, überschreiten so permanent eigene Grenzen, übergehen ihre wirklichen Bedürfnisse und laufen dadurch Gefahr, auszubrennen. Sie denken, sie seien zu schwach, zu labil und zu empfindlich, Urteile, die sie in ihrem Leben immer wieder von der Außenwelt zu hören bekommen – bis sie irgendwann selbst glauben, sie seien auf irgendeine Art falsch und allein mit ihren Problemen. Dabei ist Hochsensibilität gar keine Krankheit, sondern lediglich ein Persönlichkeitsmerkmal, das hochsensible Menschen gleichzeitig mit großen Potenzialen ausstattet. Sobald Betroffene stärker auf ihre speziellen Bedürfnisse und Grenzen achten, kann dies ihr Leben von Grund auf verändern.

Egal, ob hochsensibel oder nicht, für uns alle gilt: Auch wenn wir es uns kaum vorzustellen vermögen – schon kleine

Verhaltensänderungen und Routinen, die uns das Loslassen erleichtern, können eine große Wirkung auf unser Leben entfalten. Daneben gibt es jedoch weitere wichtige Faktoren für unser inneres Gleichgewicht.

Die Pyramide unserer Grundbedürfnisse

Der renommierte US-amerikanische Therapeut, Autor und Psychiater Phil Stutz begleitet seit Jahrzehnten Menschen, die sich erschöpft und ausgebrannt fühlen. Um deren Energielevel und Lebenskraft zu erhöhen, arbeitet er mit dem Bild einer dreistöckigen Pyramide[10], die unsere zentralen menschlichen Bedürfnisse illustriert:

- Die Spitze steht für unser **Selbst** – also die Beziehung zu uns selbst und unseren tieferen seelischen Bedürfnissen (z. B. unsere Intuition, unsere Mission im Leben, das, was uns sinnhaft erscheint).

---

[10] Dokumentarfilm »Stutz« (2022), Regie: Jonah Hill.

- Die mittlere Ebene steht für die Beziehung zu unseren **Mitmenschen**, denn als soziale Wesen brauchen wir die Verbindung zu anderen. Durch unseren individualisierten Lebensstil fühlen sich heutzutage immer mehr Menschen einsam und isoliert, was unsere Gesundheit und Seele messbar belastet. Leiden wir an Einsamkeit, ist es wichtig, die Initiative zu ergreifen, aktiv auf andere zuzugehen und bei Bedarf um Unterstützung zu bitten.

- Der größte Bereich an der Unterseite der Pyramide – und damit das Fundament unserer Lebensenergie – ist der Beziehung zu unserem **Körper** gewidmet. Damit dieser gut funktionieren kann und es uns gut geht, benötigen wir grundsätzlich drei Dinge:

  1. genügend Schlaf,
  2. eine gesunde Ernährung mit ausreichend Flüssigkeit und Nährstoffen,
  3. regelmäßige Bewegung.

Ich gebe zu, diese Erkenntnis ist keinesfalls neu, und doch pflegen viele von uns einen Lebensstil, der sie der zentralen Kraftquellen ihres Körpers beraubt.

Ganz häufig machen meine Patientinnen und Patienten keinen Sport, ernähren sich schlecht und sorgen nicht für einen guten Schlaf. Wenn sie dann anfangen, sich stärker um die Bedürfnisse ihres Körpers zu kümmern, verbessert sich ihr Zustand meist extrem – schätzungsweise um 85 Prozent durchschnittlich.[11]

(Phil Stutz)

Die grundlegenden Bedürfnisse unseres Körpers sind also viel mehr als oberflächliche Themen der Sparten Selbstoptimierung, Aussehen und Attraktivität. Stattdessen sind unser Schlaf, unsere Ernährung sowie ausreichend Bewegung elementar wichtig für unsere mentale und physische Gesundheit und essenzielle Quellen unserer Lebenskraft. Grund genug, dir deine körperlichen Bedürfnisse in dieser Woche einmal genauer anzuschauen, mögliche Stressoren zu reduzieren und dein Energielevel spürbar zu erhöhen.

---

[11] Dokumentarfilm »Stutz« (2022), Regie: Jonah Hill.

Mini-Routinen statt großer Vorsätze

Bevor du dir jedoch in allen drei Bereichen – Schlaf, Ernährung und Bewegung – große Vorsätze aufbürdest, die langfristig kaum durchzuhalten sind, fange lieber so klein wie möglich an. Denn kleine Schritte machen das Etablieren neuer Gewohnheiten wesentlich leichter. In seinem Buch »Mini Habits« von 2013 erläutert der US-amerikanische Autor Stephen Guise auf amüsante Weise seine langjährigen Versuche, ein intensives Sportprogramm zu absolvieren und beizubehalten – ohne Erfolg. Sein Durchbruch, der ihm schließlich zu einem völlig neuen Level körperlicher Fitness verhalf und ihm auch in anderen Lebensbereichen mehr Energie und Durchhaltevermögen verschaffte, war seine sogenannte »One-Push-up-Challenge« – zu Deutsch: sein fester Vorsatz, täglich wenigstens einen Liegestütz zu machen. Um ein niedrig gestecktes Ziel zu erreichen, benötigen wir viel weniger Willenskraft und Zeit. Trotzdem verschafft uns auch eine solche Mikro-Routine ein Gefühl der Selbstwirksamkeit und – sofern wir diese regelmäßig praktizieren – mit der Zeit handfeste Erfolge. Im späteren Verlauf dieser Woche wirst du dir überlegen, wie du dich liebevoller um deine körperlichen Bedürfnisse kümmern kannst. Damit du deine Vorsätze im Alltag letztlich auch umsetzt, ist es aus den zuvor genannten Gründen hilfreich, sie auf kleine Mini-Routinen einzudampfen.

 TIPP

Auch hier kann es hilfreich sein, dich von einer App oder deinem Wecker gezielt an deine guten Vorhaben erinnern zu lassen – zum Beispiel, wenn du in den nächsten Tagen früher ins Bett gehen möchtest.

Gesunder Schlaf

Hast du Probleme, einzuschlafen, könnte es sein, dass du zu spät am Tag noch koffeinhaltige Getränke zu dir nimmst, welche die Produktion von Schlafhormonen über viele Stunden hinweg unterdrücken können. Oder vielleicht setzt du deinen Körper am Abend einfach zu viel Helligkeit aus. Egal, ob es die strahlende Raumbeleuchtung, der Fernseher oder unser Handybildschirm ist – alle gaukeln unserem Körper vor, es wäre helllichter Tag, während unser Schlafhormon Melatonin nur bei Dunkelheit gebildet werden kann. Indem wir uns am Abend also weniger Licht aussetzen und das Handy zum Beispiel ab einer bestimmten Uhrzeit weglegen, erleichtern wir es unserem Körper, entspannter in den Nachtmodus hinüberzugleiten. Darüber hinaus sorgt Stoßlüften vor dem Schlafen für eine optimale Sauerstoffzufuhr und begünstigt einen erholsamen Schlaf.

Für ein starkes, funktionsfähiges Immunsystem ist ausreichender Schlaf mit entsprechenden Tiefschlafphasen von zentraler Bedeutung. Aus Studien des schwedischen Schlafforschers Torbjörn Akerstedt wissen wir heute, dass Stress allein nicht zwingend zu einem Burn-out führt. Wenn zum Stress jedoch Schlafstörungen hinzukommen, wird es brenzlig. Laut Akerstedt und seinen Kollegen Söderström, Jeding, Ekstedt und Perski ist der Faktor »zu wenig Schlaf« der wichtigste Auslöser auf dem Weg in einen Burn-out.[12]

---

[12] Söderström et al. (2012), S. 175.

In Bewegung kommen

Wenden wir uns nun dem zweiten körperlichen Grundbedürfnis zu: dem Thema Bewegung. Während sich Sport oftmals schwerer in einen bereits übervollen Zeitplan quetschen lässt,

---

[13] Drake, Roehrs, Roth (2003), S. 163–176.

können wir reine Bewegung meist deutlich leichter in unsere gewohnten Abläufe integrieren. Schon kleine Bewegungseinheiten können deine Lebensqualität spürbar erhöhen. Meine Tochter bringe ich morgens zum Beispiel fast immer zu Fuß zur Schule und nutze den Rückweg für einen kleinen Spaziergang, inklusive zehn tiefer Atemzüge. Oder ich gönne mir zusätzlich eine kleine Morgenrunde an der Ruhr, setze meine Kopfhörer auf, tanze durch die Natur zu meiner Lieblingsmusik und starte schwungvoll und energiegeladen in den Tag.

> **Wer die Welt bewegen will,**
> **sollte erst sich selbst bewegen.**
>
> (Sokrates)

Folge deiner Freude

Verbringst du viel Zeit im Sitzen und schaffst es kaum zum Sport, dann stelle dir jetzt folgende Frage: Wie könnte ich mir im Alltag mehr angenehme Bewegung verschaffen, die mir hilft, zu entspannen, mir Freude bereitet und Energie schenkt? Wenn du eine Form der Bewegung wählst, die zu dir und deinen Vorlieben passt, hältst du damit schon das nächste wirkungsvolle Werkzeug zur Stressreduktion in der Hand. Ganz egal, ob du dann letztlich durch die Wohnung tanzt, aufs Rad steigst, joggen oder skaten gehst oder einfach nur gemütlich vor dich hin spazierst – Bewegung hat die Macht, die vielfältigen Negativeffekte von Stress umzukehren. Laut dem Mediziner und Stressexperten Dr. med. Ulrich Strunz gilt: Je mehr uns eine Form der Bewegung Spaß macht, desto effektiver ist in der Regel ihre stressausgleichende Wirkung.[14]

 **5-MINUTEN-AUFGABE:**

Welche Form der Bewegung liegt dir und bereitet dir echte Freude? Nimm dir fünf Minuten Zeit und überlege, wie du mehr Bewegung in deinen Tag integrieren kannst und wie du diese Momente nutzen kannst, um zu entspannen und aufzutanken.

---

[14] Strunz (2022), S. 167 ff.

Essen und Trinken als Energiequelle und Medizin

Auch die Themen Essen, Trinken sowie die ausreichende Versorgung mit Mikronährstoffen (Vitamine, Mineralien, Aminosäuren etc.) zählen zu den grundlegenden Bedürfnissen unseres Körpers. Als mein Körper damals während meines Burn-outs in die Knie ging, litt ich, wie bereits erwähnt, neben diversen entzündlichen Krankheiten auch unter einem monatelang anhaltenden Neurodermitisschub. Der ständige Juckreiz und die offenen Ekzeme brachten mich schier um den Verstand. Auf einen Hinweis meines Bruders hin stieß ich auf die Geschichte einer Patientin, die durch eine radikale Ernährungsumstellung sämtliche ihrer Beschwerden in den Griff bekommen hatte. Bei meiner Suche nach geeigneten Ärzten auf dem Gebiet erfuhr ich vom Konzept der Funktionellen Medizin. Hier leisten MedizinerInnen Detektivarbeit, versuchen, Beschwerden in einen ganzheitlichen Kontext zu setzen und mithilfe entzündungsarmer Ernährungsweisen, Darmsanierungen und der Versorgung mit Mikronährstoffen die Selbstheilungskräfte ihrer Patientinnen und Patienten gezielt anzuregen, um deren Gesundheit wieder ins Gleichgewicht zu bringen. Jedenfalls suchte ich eine solche Ärztin auf, um abzuklären, ob und wie ich durch meine

Ernährung eine Linderung meiner Symptome herbeiführen könnte. Ich weiß noch, wie verzweifelt ich damals war, als ich ihr sagte, ich sei zu radikalen Schritten bereit. Sie empfahl mir, vorübergehend gänzlich auf Zucker und Gluten zu verzichten. Die Hoffnung auf Besserung vor Augen, fiel es mir nicht schwer, ihren Tipp umzusetzen. Nach nur zwei oder drei Tagen war mein heftiger Neurodermitis-Hautausschlag komplett verschwunden. Im Rahmen mehrerer Labortests erfuhr ich später, dass ich zu diesem Zeitpunkt starke Unverträglichkeiten gegenüber Histamin, Zucker und Gluten aufwies. Seitdem ernähre ich mich viel gesünder (weniger Industriezucker, keinen Alkohol) und gebe entzündungsarmen, unverarbeiteten Lebensmitteln den Vorzug.

Daneben hat mir meine regelmäßige Achtsamkeitspraxis geholfen, mein inneres Stresslevel immer wieder zu senken und meinen Körper dadurch langsam, aber sicher vom Überlebens-zurück in den Ruhe- und Selbstheilungsmodus zu begleiten. Durch diese verschiedenen Strategien hat sich mein Gesundheitszustand über Monate hinweg langsam und stetig verbessert, mein Immunsystem begann wieder zu funktionieren und meine wiederkehrenden Lungenentzündungen verschwanden.

Falls du also selbst unter stressbedingten körperlichen Beschwerden leidest oder einfach nur dein Energielevel steigern möchtest, kann es sich immens lohnen, einmal genauer auf deine Ernährung zu achten und deinen Körper mit gesundem und reichhaltigem Essen und ausreichend Flüssigkeit zu unterstützen.

 GUT ZU WISSEN

Du interessierst dich für eine entzündungshemmende Ernährungsweise? In Woche 11 befassen wir uns unter anderem mit der sogenannten Planetary Health Diet, die eine gesunde, klimaschonende und günstige Ernährungsform darstellt.

 Woche 2:
Die wichtigsten Erkenntnisse auf einen Blick:

Loslassen, Nichtstun und Ankommen bei uns selbst bilden ein kraftvolles und notwendiges Gegengewicht zu unserem täglichen Tun und Machen.

Besonders wichtig ist das regelmäßige Loslassen und Kraftschöpfen für alle Menschen, die viel geben, sich um andere kümmern oder sich für ein übergeordnetes Ziel engagieren. Lernen wir, bewusster mit unserer eigenen Energie zu haushalten und unsere Akkus immer wieder aufzuladen, schützen wir uns davor, uns auf lange Sicht zu verausgaben oder auszubrennen.

Von Energiefressern und Energiequellen: Geraten wir unter Stress, haben wir die Tendenz, gerade die Momente und Tätigkeiten aus unserem Alltag zu streichen, die uns Energie, Freude und Lebendigkeit schenken. Allzu leicht wird dies zum Dauerzustand, was unseren Körper und unsere Seele aus dem Gleichgewicht bringen kann, wodurch wir Schritt für Schritt immer weiter ausbrennen.

Wollen wir langfristig glücklich, gesund und leistungsfähig bleiben, gilt es, diesem Teufelskreis vorzubeugen und wie bei einem Auto vorausschauend Energie zu tanken.

Stress ist individuell und hat seine Berechtigung: Wir empfangen, verwerten und bewerten Reize von Person zu Person völlig unterschiedlich. Statt uns also auf vermeintliche Erwartungen von außen zu fokussieren und innere Anspannungen wegzudrücken, ist es zielführender, für unsere individuellen

Bedürfnisse einzustehen und innere Anspannungen direkt zu lösen, sobald wir sie bemerken.

Unser moderner Lebensstil lässt uns zentrale körperliche Bedürfnisse nach ausreichend Schlaf, Bewegung und gesunder Ernährung vernachlässigen. Gleichen wir diese Schieflagen aus, kann sich dies innerhalb kürzester Zeit extrem positiv auf unsere Lebensqualität auswirken und neue Energie und Leichtigkeit schenken.

 **Alltags-Hack:**
Steigere deine Lebensenergie

Schnappe dir jetzt dein Notizheft und notiere dir die drei Begriffe **Schlaf**, **Ernährung & Trinken** und **Bewegung**.

1. Kreise das Wort oder die Worte ein, bei denen du das Gefühl hast, dass sie in deinem Alltag momentan zu kurz kommen.

2. Wie könntest du das in dieser Woche ändern und dich liebevoller um deinen Körper kümmern, damit du gesünder und mit mehr Energie durchs Leben gehen kannst?

3. Welche neue Mini-Routine könnte dir dabei helfen?

4. Mache dir klar, warum du das alles tust: Was ist ganz konkret dein Ziel?

5. Suche dir ein Bild, das dein Ziel visualisiert und dich motiviert, und hänge es gut sichtbar auf. Wähle beispielsweise ein Urlaubsfoto von dir, auf dem du maximal entspannt und glücklich warst, und hänge es dir an den Schreibtisch oder nutze es diese Woche als Handybildschirmhintergrund. Wenn es dir schwerfällt, dich diese Woche zu deiner neuen Routine aufzuraffen, schaue dir das Bild an und spüre, wie gut sich dein Ziel anfühlt und wofür du das alles machst.

 **DEINE MISSION IN DIESER WOCHE**

1. Gestalte deine Vorsätze in den Bereichen Schlaf, Ernährung und/oder Bewegung für diese Woche so konkret wie möglich und verankere sie in deinem Kalender. Dabei ist weniger mehr: Nimm dir nicht

zu viele Aufgaben gleichzeitig vor, sondern konzentriere dich lieber auf eine einzige neue Mini-Routine, die du versuchst, so regelmäßig wie möglich umzusetzen. Trage dir zum Beispiel eine feste Mittagspause ein, in der du etwas Gutes isst und danach einen kleinen Spaziergang machst. Du kannst auch deinen Handywecker oder entsprechende Apps nutzen, um dich an Pausen oder ans Zubettgehen zu erinnern.

2. Finde deinen persönlichen Kraftort in deiner Nähe, den du im Alltag regelmäßig aufsuchen kannst. Ein Stückchen Grün, einen Baum, eine Bank, wo du loslassen und auftanken kannst.

Zeit zum Lebendigsein

Es ist hilfreich, wenn du versuchst, diese neuen Momente, in denen du dich aktiv um deinen treuen Körper kümmerst, nicht als lästige Pflicht zu betrachten. Mache dir stattdessen bewusst, dass dies Augenblicke sind, in denen du echte Selbstfürsorge praktizierst. Und darauf kannst du ernsthaft stolz sein. Stelle dir vor, dein Körper ist ein kleines Kind von sieben Jahren, um das du dich liebevoll und fürsorglich kümmerst und mit dem dich tiefe Zuneigung verbindet. Tu deinem Körper in dieser Woche (und am besten darüber hinaus) von Herzen Gutes und achte auf seine Bedürfnisse. Schicke ihn früh genug ins Bett, tische ihm leckere, nahrhafte und gesunde Leckereien auf. Gehe mit ihm an die frische Luft und lasse ihn vergnügt herumtollen. Bewege dich intuitiv – ohne Trainingsplan und Leistungsanspruch – und mache einfach, wonach dir gerade ist und was sich in diesem Moment gut für deinen Körper und dein inneres Kind anfühlt. Spüre den Wind auf deiner Haut und die Erde unter deinen Sohlen. Diese Minuten sind dein Geschenk an dich. Deine kleine Insel mit Palme, Strandliege und Sonnenbrille im stürmischen Meer des Alltags. Enjoy!

Zeit, die wir uns nehmen, ist Zeit,

die uns etwas gibt.[15]

(Ernst Ferstl)

---

[15] Aphorismen.de (o. J.b), Ernst Ferstl.

ist das wahr?

Woche 3

DIE KRAFT
DEINER GEDANKEN

Nachdem du dich in der vergangenen Woche näher mit deinen körperlichen Grundbedürfnissen befasst hast, tauchen wir in dieser Woche hinab in die Tiefen deiner Innenwelt. Dich erwarten spannende Einblicke in das unsichtbare und doch mächtige Spannungsfeld zwischen Stress, Gedanken und Gefühlen. Unterbewusste Überzeugungen und Einstellungen, die wir im Lauf unseres Lebens übernommen haben und an denen wir im Alltag festhalten, werden als Glaubenssätze bezeichnet. Wollen wir die wichtigsten Energiefresser in unserem Alltag identifizieren und in unserem Sinne verändern, kommen wir nicht umhin, uns mit den Mechanismen unseres Geistes zu beschäftigen. Unsere Gedanken und deren Farbe bestimmen darüber, wie wir die Wirklichkeit wahrnehmen und wie wir mit der Welt in uns und um uns herum in Resonanz treten. Dabei wirken sich unsere Gedanken direkt auf unser Stresslevel aus. Sie haben die Macht, Stress auslösende Reize deutlich zu verlängern und zu verstärken und tragen maßgeblich zu einer chronischen Stressbelastung bei. Negative Gedankenschleifen und Glaubenssätze wie »Ich werde versagen«, »Ich muss perfekt sein« oder »Ich darf andere nicht enttäuschen« können uns im täglichen Leben stark in unseren Entscheidungen, Handlungen und Gefühlen beeinträchtigen und uns auf diese Weise unnötig Energie und Lebensfreude kosten.

Gelassener leben und Positives bewegen: In der kommenden Woche lernst du praktische Werkzeuge kennen, um alltägliche Stresssituationen durch gezielte Fragen und Visualisierungen schnell und spürbar zu entschärfen. Warum das Ganze? Damit du am Ende des Tages mehr Energie für dich und deine Abenteuerreise mit diesem Buch hier übrig hast.

Was uns Energie raubt

Wenden wir uns im ersten Schritt also einmal ein paar typischen Situationen zu, die uns im Alltag immer wieder in Anspannung versetzen. Hier eine bunte Auswahl beliebter Stressklassiker, die viele Menschen kennen:

Wenn ...

- die Bahn sich verspätet oder komplett ausfällt und unseren Zeitplan implodieren lässt,
- uns jemand beim Autofahren die Vorfahrt nimmt,
- wir unfreiwillig warten müssen (an der roten Ampel, an der Kasse im Supermarkt) oder wir im Stau festsitzen,
- wir am Morgen schon viel zu spät dran sind und unser Kind wieder einmal herumtrödelt,
- wir mit anderen Menschen aneinandergeraten und uns kritisiert oder respektlos behandelt fühlen,
- wir unter Zeitdruck geraten und Aufgaben gegenüberstehen, die uns nicht machbar erscheinen und uns überfordern,
- wir konzentriert arbeiten wollen, aber uns der Krankenwagen, der Presslufthammer, das Bellen des Nachbarhundes, die lauten Gespräche unserer Mitmenschen oder der

dritte Paketbote, der heute an unserer Tür klingelt, davon abhalten.

Mit anderen Worten: Wir geraten in Stress, wenn wir das Gefühl haben, die Kontrolle über unser Leben zu verlieren, oder sich andere Menschen nicht so verhalten, wie wir es von ihnen erwarten.

Unsere innere Landkarte

Im Systemischen Coaching sowie in der Coaching-Richtung des NLP (Neuro-Linguistisches Programmieren) gibt es das Bild der **inneren Landkarte**, die wir Menschen aus der Summe unserer Prägungen und vergangenen Erlebnisse zusammensetzen. Diese innere Landkarte in unserem Hinterkopf erlaubt uns, im Alltag zu navigieren, in Sekundenbruchteilen alle unsere Wahrnehmungen entsprechend ihrer Wichtigkeit zu sortieren und zu bewerten. Sie bildet die Grundstruktur unseres Denkens. Der dänische Autor und Coach Ernest Holm Svendsen illustriert unsere innere Landkarte mit folgendem Beispiel: Eine Landwirtin, eine Geologin und ein Immobilienmakler begutachten ein Stück Land an der Küste. Obwohl sie alle dasselbe Grundstück vor sich haben, sehen alle etwas anderes: Die Landwirtin untersucht die Qualität des Erdbodens und sieht vor ihrem inneren Auge bereits die Pflanzenarten vor sich, die sich vor Ort für den Anbau eignen würden. Die Geologin hingegen betrachtet eine maritime Landschaft mit interessanten Gesteinsformationen in der Ferne, während der Makler ein Traumgrundstück für eine frei stehende Villa mit Meerblick vor sich sieht. Sie alle betrachten dasselbe Stück Land, sehen jedoch völlig unterschiedliche Dinge, basierend auf ihren persönlichen und beruflichen Erfahrungen und Hintergründen.[16]

Programmed by life

Wir Menschen reagieren extrem flexibel auf unsere Umwelt: Wir lernen aus eigenen Erfahrungen und können kreative Strategien entwickeln, um Probleme zu lösen. Diese Erlebnisse integrieren wir ganz automatisch in unsere Sicht auf die Wirklichkeit – in unsere innere Landkarte aus Erkenntnissen, Werten und Weltanschauungen –, die uns Struktur und Orientierung schenkt.

---

[16] Svendsen (o. J.), Teil 1 der englischsprachigen Podcast-Serie »The Self Inquiry Toolbox«.

Unser Denken, Fühlen und Handeln richtet sich also nicht nur nach biologischen Instinkten, sondern auch nach kulturellen und gesellschaftlichen Kriterien sowie persönlichen Erlebnissen aus. Die Fähigkeit, anhand einer einzigartigen inneren Landkarte durchs Leben zu navigieren, macht uns als Spezies extrem anpassungsfähig und ist einer der Hauptgründe für den enormen Einfluss unserer Art auf den Planeten. Übertragen auf die Welt der Computertechnologie besitzen wir Menschen also eine Art offenes Betriebssystem und die grundlegende Bereitschaft, uns vom Leben programmieren zu lassen – wie Ernest Holm Svendsen es treffend formuliert.[17] So ein offenes System ist maximal flexibel, gleichzeitig jedoch auch besonders anfällig für interne Fehlfunktionen.

Fehlermeldung im System

Befinden wir uns beispielsweise in einem Umfeld voller Widersprüche oder einer Umgebung, die sich nach destruktiven Regeln ausrichtet, kann dies zu Verwerfungen auf unserer

---

[17] Svendsen (o. J.), Teil 1 der englischsprachigen Podcast-Serie »The Self Inquiry Toolbox«.

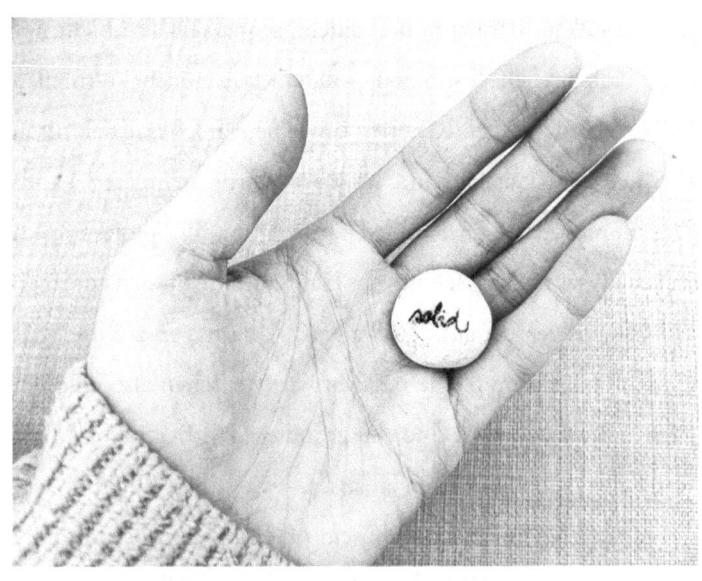

inneren Landkarte führen. Des Weiteren kann ein Erlebnis oder eine neue Situation unsere komplette Weltsicht ins Wanken bringen und uns so lange bewegungsunfähig machen, bis sich unser inneres Betriebssystem neu gestartet und neu ausgerichtet hat. Vielleicht kennst du dieses Gefühl ja auch. Als ich mich zum Beispiel vor einigen Jahren erstmals intensiv mit der Klimakrise befasst habe und mir schlagartig bewusst wurde, wie dringend und dramatisch die Situation wirklich ist, stand ich eine

Zeit lang wie neben mir. Nach einigen Wochen hat sich mein inneres Betriebssystem neu kalibriert und die zusätzlichen Informationen und Erkenntnisse integriert. Dadurch hat sich mein persönlicher und beruflicher Fokus seitdem von Nachhaltigkeit im Allgemeinen mehr und mehr auf das Thema Klimaschutz verlagert. Der erste Corona-Lockdown in Deutschland im März 2020 war ein ebenso erschütternder Moment – genau wie die ersten Tage des Ukrainekriegs im Februar 2022. In solchen Situationen erscheint uns alles Vertraute plötzlich radikal infrage gestellt und in völlig neuem Licht.

Eine weitere Ursache für zahlreiche Herausforderungen und Stressmomente in unserem Alltag ist die Tatsache, dass wir normalerweise völlig blind sind für unsere eigene innere Landkarte. Sie ist ein fundamentaler Teil unserer Gedanken, Gefühle und Handlungen und sagt uns, was in einer konkreten Situation vermeintlich machbar und ratsam ist und was nicht. Als hätten wir einen tragbaren Computer in Form einer smarten Brille auf der Nasenspitze, die unser Sichtfeld permanent analysiert, bewertet und kommentiert. Spannend ist, dass diese Brille unsere Wahrnehmungen automatisch so filtert und verarbeitet, dass sie möglichst zu unseren Glaubenssätzen und Werten passen und diese

tendenziell bestätigen. Ist es beispielsweise unsere Überzeugung, der Klimawandel sei kein akutes Problem, wird unsere Brille relevante Nachrichten und Informationen als nebensächliche Randnotizen verbuchen. Hinzu kommt, dass sich unser Medienkonsum in den vergangenen Jahren stark individualisiert hat. Statt wie früher zusammen vor dem Fernseher dieselben Sendungen wie »Wetten dass«, »Tatort« oder die Nachrichten im

Ersten zu schauen, konsumieren wir heute Filme, Serien und Nachrichten vielfach über unsere Lieblings-Apps und -portale. Über die sozialen Medien und YouTube & Co. lassen wir uns gezielt von ausgewählten Menschen, Marken und Kanälen berieseln, die unsere Werte und Visionen teilen. Dadurch konsumieren wir automatisch immer mehr Inhalte, die auf unsere Weltsicht zugeschnitten sind, was den Filtereffekt unseres subjektiven Blicks auf die Wirklichkeit zusätzlich verstärkt. Und haben wir verschiedene Glaubenssätze und Wertvorstellungen erst einmal verinnerlicht, sodass sie Teil unseres Systems geworden sind, können wir sie selbst nicht mehr bewusst wahrnehmen, während wir denken, dass unsere Sicht auf die Welt die wahre und einzig richtige sei. Wenn unsere innere Landkarte dann mit der anderer Menschen zusammenprallt, fallen wir leicht aus allen Wolken und reagieren völlig irritiert.

Krieg der Welten

Und genau hier – auf unserer inneren Landkarte – entsteht ein Großteil der Spannungen und Stressmomente, die uns im Alltag aus der Ruhe bringen:

1. Wir sind **im Kampf mit unseren Mitmenschen** und deren subjektiver Sicht auf die Welt:

Unsere Landkarten kollidieren zum Beispiel bei Diskussionen über die Klimakrise, über politische und andere Themen. Wir merken, unser Gegenüber sieht die Welt völlig anders, und es fällt uns schwer, dies zu akzeptieren, da wir glauben, die andere Person müsse unsere Sicht teilen.

2. Wir sind **im Kampf mit der Wirklichkeit**:

Wir denken uns Pläne aus und halten krampfhaft an Erwartungen fest, die oftmals an der Wirklichkeit scheitern. Wenn wir zum Beispiel am Bahnsteig stehen und uns über einen verspäteten oder ausgefallenen Zug ärgern. Wenn wir ein wichtiges Projekt fertigstellen wollen und wir oder unser Kind überraschend krank werden und wir unsere schönen Pläne begraben müssen. Wenn wir Urlaubspläne machen, die von einem Lockdown durchkreuzt werden. In solchen Situationen ist im Grunde nicht die Realität das Problem, sondern unser persönliches Kopfkino und Drehbuch davon, wie die Wirklichkeit eigentlich hätte ablaufen sollen.

3. Wir sind **im Kampf mit uns selbst**:

Wenn wir überhöhten Erwartungen nachjagen, nähren wir in uns das Gefühl, nicht genug zu leisten oder zu sein, zum Beispiel während wir To-do-Listen abackern und es uns – trotz eisernen Willens und Disziplin – nie gelingt, sie vollends abzuhaken. Wenn wir uns und anderen immer wieder sagen, wir müssten schleunigst abnehmen und endlich mehr Sport machen. Wenn wir denken, unsere Wohnung oder das Zimmer unserer Kinder müsste ordentlicher sein. Wenn wir glauben, wir müssten anders – besser – sein und unser Leben anders gestalten, als wir es tatsächlich tun. Dann haben wir in unserem Kopf eine Simulation erschaffen, die nichts mit der Wirklichkeit zu tun hat und immer wieder schmerzhaft mit unserem Leben kollidiert.

Dass wir uns all dieser Mechanismen und des Phänomens unserer inneren Landkarte bewusst sind, bewahrt uns jedoch nicht davor, uns im Alltag immer wieder einmal aufzuregen, uns zu ärgern oder mit einer Situation oder Person zu hadern. Trotzdem kann uns unser neues Verständnis dabei helfen, schmerzhafte Gedanken und Gefühle deutlich schneller wieder loszulassen, sodass wir uns seltener in endlosen Gedankenschleifen verheddern.

Abenteuer Alltag

Während ich diese Zeilen hier schreibe, wechsle ich mich Tag und Nacht mit meinem Mann bei der Pflege unserer kleinen Tochter ab. Seit rund sechs Wochen ist die Ärmste quasi dauerkrank und ein Infekt mit hohem Fieber und diversen Beschwerden jagt den anderen. Mein Mann und ich sind selbstständig, und natürlich gerät unsere Kapazitätenplanung und die Arbeit an unseren Projekten durch diese Situation ziemlich aus dem Ruder. In den ersten Wochen fühlte ich mich dadurch extrem unter Druck. Immer wieder sah ich vor meinem inneren Auge die Anzahl der Wörter, die ich laut meinem Schreibplan für dieses Buch täglich schaffen wollte. Diese Erwartungen an mich standen im direkten Gegensatz zur Wirklichkeit: ein krankes Kind, das weder zur Schule noch zur Nachmittagsbetreuung gehen kann, dazu durchwachte Nächte, kaum Zeit, um ungestört zu arbeiten, für Hausarbeit oder sonstige Aktivitäten. Schließlich erwischte die Grippe auch meinen Mann und mich selbst. Nach Wochen des familiären Siechtums gelingt es mir jetzt schon deutlich besser, die Erwartungen an mich, meinen Schreibplan und die anderen Aufgaben loszulassen. Zwar liegt mein Kind seit heute Nacht schon wieder fiebrig und elend auf der Wohnzimmercouch.

Zudem ist heute mein Hochzeitstag und ich hatte eigentlich völlig andere Pläne für diesen Anlass. Statt aufgebrezelt mit meinem Mann in einem schicken Restaurant zu dinieren, lümmeln wir nun zu dritt in Jogginghosen auf der Couch – zwischen Spuckeimer, Salzstangen und Taschentuchbergen. Der Kontrast zwischen Erwartung und Realität könnte kaum größer sein, und sicher kennst du ebenfalls solche Phasen. Doch so unglamourös die vergangenen Wochen auch waren – sie haben mir vor Augen geführt, was für ein tolles Team mein Mann und ich im Alltag sind, dass ich mich gerade in schwierigen Zeiten wirklich auf ihn verlassen kann. Und diese Erkenntnis ist mir letztlich mindestens so viel wert wie ein romantisches Dinner zu zweit. Abgesehen davon ist es natürlich vollkommen menschlich, sich angesichts unvorhergesehener Ereignisse frustriert und machtlos zu fühlen. Solche Empfindungen sind absolut in Ordnung und haben ihre Berechtigung. Leider hat unser menschlicher Geist die Tendenz, sich genau an solchen Gedanken und Situationen aufzuhängen und unser alternatives Wunschszenario der Wirklichkeit wieder und wieder vor unserem geistigen Auge abzuspielen, was unsere Frustration zusätzlich verstärkt. Wie kann es uns also gelingen, solche zermürbenden Gedankenschleifen und inneren Widerstände loszulassen, anstatt uns hilflos darin zu verheddern?

💡 »THE WORK« VON BYRON KATIE

Es handelt sich um eine Fragetechnik, um stressige und schmerzhafte Gedanken systematisch zu
entschärfen. Die Methode »The Work« wurde 1986
von der US-amerikanischen Trainerin und Autorin
Byron Katie erfunden.[18] In der Forschung sowie im
Coachingbereich wird »The Work« auch IBSR genannt – »Inquiry Based Stress Reduction«[19] – zu
Deutsch »Fragenbasierte Stressreduktion«.[20]

Lifehack gegen das Hadern

Hast du das Gefühl, bestimmte Gedankenschleifen kehren in
deinem Alltag häufig wieder und kosten dich unnötig viel Energie? Dann nutze die Methode »The Work«, um:

---

[18] Byron Katie et al (2012), S. 2.
[19] Begriffserläuterung und Einordnung der Methode »The Work« bzw. IBSR
als eine relativ neue Methode der kognitiven Verhaltenstherapie, siehe Studie von Zadok-Gurman et al. (2021) über IBSR als Präventionsmaßnahme
gegen Burn-out und zur Steigerung von Wohlbefinden und Resilienz.
[20] Zadok-Gurman (2021), o. S.

- unbewusste Glaubenssätze, Verhaltens- und Gedanken-muster aufzuspüren und

- deine Gedanken auf ihren Wahrheitsgehalt hin zu überprüfen und systematisch zu entkräften.

Alles, was du dazu benötigst, sind etwas Zeit und Ruhe sowie die Neugierde, die Offenheit und den Mut, genauer hinzusehen. Als zertifizierte Coachin für Fragenbasierte Stressreduktion und »The Work« von Byron Katie[21] begleite ich meine Klientinnen und Klienten dabei, ihr Gedankenkarussell Schritt für Schritt zu durchbrechen und in ihre Selbstwirksamkeit zu kommen.

Stressmomenten auf der Spur

Im ersten Schritt begibst du dich auf die Suche nach einer Situation in deinem Alltag, die dich gerade beschäftigt und unangenehme Gefühle in dir wachruft. Du reist gedanklich in diese Situation zurück und identifizierst den Moment, der dich am

---

[21] Byron Katie et al (2012), S. 307ff.

stärksten in Aufruhr versetzt hat. Was genau hat dich in dieser Situation so aufgeregt, verletzt oder gestresst? Notiere deine Gedanken, als ob sich die Situation jetzt gerade ereignen würde. Betrachten wir zum Beispiel eine Meinungsverschiedenheit mit einem nahestehenden Menschen. Ein solcher schmerzhafter Gedanke, der uns seitdem begleitet, könnte zum Beispiel lauten: »Mein Vater sollte meine Meinung anerkennen!«

Die Vorgehensweise

Nachdem wir einen emotional aufgeladenen Gedanken aufgespürt haben, sezieren wir ihn anhand von vier konkreten Fragen. Stück für Stück schaffen wir so Abstand zwischen uns und unserem Problem. Wir halten uns vor Augen, welche emotionalen und physischen Reaktionen und Verhaltensweisen dieser Gedanke in uns auslöst. Dann kehren wir unseren Gedanken auf unterschiedliche Arten um und suchen nach konkreten Beispielen für jede dieser Umkehrungen. Dies eröffnet uns einen umfassenderen, differenzierteren Blick auf die Wirklichkeit und hilft uns nach und nach, den Gedanken und seine emotionale Last loszulassen und neue Ressourcen in uns zu aktivieren. Los gehts!

5-MINUTEN-AUFGABE:
»THE WORK« VON BYRON KATIE[22]

Nimm bitte dein Notizbuch zur Hand und übertrage die folgenden fünf fett markierten Punkte auf eine neue Seite in dein Büchlein.

 ### Gedanken hinterfragen mit »The Work«

1. Ist das wahr?

2. Kann ich mir absolut sicher sein, dass nur das wahr ist?

3. Was passiert mit mir, wenn ich diesen Gedanken glaube?

(Sinneseindrücke/Gefühle/Verhaltensweisen)

4. Wer wäre ich ohne diesen Gedanken?

(Wie würde ich die Situation stattdessen wahrnehmen, wenn ich diesen Gedanken nicht in mir hätte?)

5. Finde 3 Umkehrungen (mit jeweils 3 wahren Beispielen).

Fertig! Jetzt kannst du einfach weiterlesen.

---

[22] Basierend auf der offiziellen Anleitung von »The Work« von Byron Katie (2012).

Diese Notizen benötigst du für deine Wochenmission am Ende dieses Kapitels. Dann nämlich wirst du deine erste Runde »The Work« in Eigenregie durchführen. Damit du spürbare Ergebnisse erzielen kannst, gilt es, zuvor ein wenig tiefer in diese Technik einzusteigen. Die Fragemethode »The Work« kann uns helfen, innere Anspannungen – ausgelöst durch bestimmte Gedanken oder Glaubenssätze – immer wieder schnell und spürbar zu reduzieren. Lasse uns also einmal den Gedanken aus unserem Beispiel »beworken« (sprich bearbeiten), damit du siehst, wie das prinzipiell funktioniert.

Dazu erinnern wir uns an eine konkrete Stresssituation, die wir wirklich so erlebt haben und die uns noch immer belastet – zum Beispiel an eine Auseinandersetzung mit einem unserer Mitmenschen. Wir versetzen uns zurück in diesen Moment, als würden wir ihn gerade zum ersten Mal erleben. Dann begeben wir uns auf die Suche nach dem Gedanken, der das Problem, das wir mit unserem Gegenüber in dieser Situation haben, möglichst genau auf den Punkt bringt.

Als Beispiel wähle ich eine Meinungsverschiedenheit mit einem Freund. Ich führe mir die Situation noch einmal genau vor Augen. Der Moment, der mich wie ein Schlag traf: Er empört sich lautstark über Klimaaktivismus und ich bin völlig überrascht von seinen Äußerungen und fühle mich traurig, wütend und persönlich angegriffen. Nun formuliere ich einen Gedanken, der beschreibt, was mich damals so wütend und traurig gemacht hat – nämlich den Satz: »Mein Freund sollte meine Meinung anerkennen!« Diesen Gedanken werden wir nun mit den vier Fragen und den Umkehrungen von »The Work« hinterfragen. Dabei ist wichtig, vollkommen ehrlich alle deine Gedanken niederzuschreiben und nicht höflich zu sein. Schreibe einfach, was du gefühlt hast, auch wenn es sich jetzt vielleicht extrem vorwurfsvoll, verurteilend, übertrieben oder kleinlich anhören mag. Je ehrlicher du hier vorgehst, desto stärker profitierst du von dieser Übung.

»The Work« – Beispiel:

Gedanke: »Mein Freund sollte meine Meinung anerkennen!«

1. Ist das wahr?

Definitiv!

2. Kann ich absolut sicher sein, dass nur das wahr ist?

Vom Kopf her bin mir nicht hundertprozentig sicher, aber in meinem Herzen fühlt es sich so an.

3. Was passiert mit mir, wenn ich diesen Gedanken glaube?

(Sinneseindrücke/Gefühle/Verhaltensweisen)

a) <u>Sinneseindrücke:</u> In dem Moment, in dem unser Gespräch kippt, fängt mein Herz wie wild an zu klopfen, meine Brust zieht sich zusammen, in meinem Kopf steigt Hitze auf und ich spüre einen Kloß im Hals.

b) <u>Gefühle:</u> Ich bin geschockt, dass er überhaupt so denken kann und sich so verurteilend und abwertend äußert. Ich fühle mich ungläubig, nicht gesehen, verletzt, unverstanden, enttäuscht, traurig, wütend, hoffnungslos, resigniert. Er ist mir plötzlich völlig fremd und ich fühle mich abgestoßen und will nur noch weg von hier.

c) <u>Verhaltensweisen:</u> Ich ziehe mich genervt aus dem Gespräch zurück, werde stumm, weiche seinem Blick aus, bin total angespannt, fühle mich unwohl und will am liebsten den Raum verlassen und gehen.

4. Wer wäre ich ohne diesen Gedanken?

Ohne den Gedanken »Mein Freund sollte meine Meinung anerkennen!« würde ich die Situation wahrscheinlich anders erleben: Ich wäre überrascht von seinen Worten, aber offener, neugierig auf seine Sichtweise, und würde mich weniger scheuen, auch meine Perspektive genauer mitzuteilen. Ich wäre präsenter, würde mich viel entspannter und sicherer fühlen, seine Worte weniger als persönlichen Angriff werten, könnte in der Situation vielleicht sogar Mitgefühl für meinen Freund und seine Wut empfinden, hinter seine Worte blicken und neue Erkenntnisse über ihn und andere Menschen, die seine Sicht teilen, gewinnen.

Die Umkehrungen

Nach den vier Fragen von »The Work« folgen nun die Umkehrungen. Dabei erlauben wir uns, uns in jede Einzelne davon voll und ganz einzufühlen. Es geht dabei nicht darum, uns selbst anzuklagen oder Schuldgefühle in uns zu nähren. Stattdessen wollen wir uns neue Sichtweisen erschließen, die uns innerlich Frieden bringen können. Die Umkehrungen sind eine Möglichkeit, das Gegenteil von dem zu erfahren, was wir bisher für wahr gehalten haben. Dadurch kann es uns gelingen, schmerzhafte Gedanken ein Stück weit loszulassen. Das Ziel dieser Übung: Die feste Architektur unserer inneren Landkarte zu weiten und uns neue, befreiende Perspektiven zu schenken, durch die wir andere Aspekte der Wirklichkeit überhaupt erst wahrnehmen können. Vielleicht kann uns nämlich genau diese anstrengende Situation aus anderer Sicht überaus nützlich sein. Zudem helfen die Umkehrungen dabei, unsere passive Opferperspektive zu durchbrechen und uns auf unseren konkreten Handlungsspielraum zurückzubesinnen. Es gilt, drei Umkehrungen unseres Gedankens zu finden und dazu jeweils drei konkrete wahre Beispiele stichpunktartig zu notieren:

Aus dem Gedanken »Mein Freund sollte meine Meinung anerkennen!« wird umgekehrt:

Umkehrung 1: »**Ich** sollte meine Meinung anerkennen.« (Umkehrung auf mich selbst angewendet)

Umkehrung 2: »**Ich** sollte **seine** Meinung anerkennen.« (Umkehrung auf mein Gegenüber angewendet)

Umkehrung 3: »Mein Freund sollte meine Meinung **nicht** anerkennen.« oder anders formuliert: »Mein Freund sollte mir widersprechen.« (Umkehrung ins direkte Gegenteil)

Konkrete wahre Beispiele für die erste Umkehrung könnten sein:

Umkehrung 1: »Ich sollte meine Meinung anerkennen«

→ Ich habe mich von meinem Freund und seiner abwertenden Haltung verunsichern lassen. Eigentlich weiß ich genau, dass meine Sicht fundiert und wertvoll ist – völlig unabhängig von seiner Perspektive.

→ Würde ich meine Meinung bei solchen Auseinandersetzungen künftig selbstbewusster und souveräner vertreten und nicht gleich in eine Verteidigungshaltung gehen, könnte ich meine Sichtweisen und Erkenntnisse wahrscheinlich viel inspirierender vermitteln und mir dadurch insgesamt mehr Gehör verschaffen.

→ usw.

Auf diese Weise fahren wir fort mit weiteren Beispielen und Umkehrungen. Bei der dritten Umkehrung formulieren wir unseren Gedanken immer ins direkte Gegenteil um (in diesem Fall: »Mein Freund sollte mir widersprechen«). Trägst du hier konkrete Beispiele zusammen, erkennst du nach und nach, welche positiven neuen Perspektiven dir eine unwillkommene Situation auf lange Sicht eröffnen könnte.

Umkehrung 3: »Mein Freund sollte mir widersprechen«

→ Erkenntnisgewinn: Die gegensätzliche Meinung meines Freundes ermöglicht mir, einen Einblick in die Sichtweisen und Ängste der Menschen zu erhalten, die seine Meinung teilen. Außerdem führt mir die Situation vor Augen, dass es viele andere Sichtweisen gibt und jeder seine individuelle Perspektive besitzt.

→ Lernen, mir mehr Raum zu nehmen: Als Harmoniemensch meide ich Auseinandersetzungen automatisch, was mir auf lange Sicht jedoch oft nicht guttut. Solche Gespräche oder Diskussionen könnten genau die Trainingseinheit sein, die ich brauche, um öfter zu sagen, was ich denke, und mir, meinen Bedürfnissen und meiner Sicht mehr Raum zu geben – auch wenn dadurch verschiedene Sichtweisen kollidieren.

→ Heimkehren üben: Wenn ich solche Meinungsverschiedenheiten als Anlass nehme, mich darin zu üben, immer wieder zu mir heimzukehren und während solcher Diskussionen konsequenter bei mir zu bleiben, werde ich viel unangreifbarer und souveräner anderen gegenüber. Das finde ich toll!

Wenn du einen Gedanken erfolgreich mit »The Work« beleuchtet hast, kannst du abschließend zusätzlich mit einem inneren Bild arbeiten, um deine Ressourcen zu stärken und dich für ähnliche Situationen in der Zukunft zu wappnen.

Aktiviere deine Ressourcen mithilfe eines inneren Bildes

Indem wir unser Unterbewusstsein miteinbeziehen, können wir uns in stressigen Situationen zusätzlich Halt und innere Stärke schenken. Dabei hilft uns die Arbeit mit intuitiven Bildern und visuellen Assoziationen. Versetze dich noch einmal in die besagte Stresssituation zurück und frage dich:

Was hättest du dir in diesem Moment von deinem Gegenüber beziehungsweise der Welt gewünscht?

Dann stell dir vor, wie du es schaffst, dir genau das Gefühl, das du dir in dieser Situation von deinem Gegenüber beziehungsweise der Welt gewünscht hättest, selbst zu geben (z. B. das Gefühl von Anerkennung, Wertschätzung, Mitgefühl, Unterstützung oder

Halt). Welches Bild könnte symbolisch dazu passen? Lasse deinem Unterbewusstsein und deiner Fantasie freien Lauf.

In unserem Beispiel »Mein Freund sollte meine Meinung anerkennen« hätte ich mir von ihm in erster Linie Wertschätzung für meine Sicht gewünscht. Während der Diskussion habe ich mich ungläubig, wütend, enttäuscht, traurig, nicht gesehen und getrennt von ihm gefühlt. Als symbolische Gegenmedizin schlägt mein Unterbewusstsein mir folgendes Bild vor:

BAUMHERZ AKTIVIEREN

Ich lege meine Hand auf die Brust und stelle mir vor, wie ein leuchtendes pulsierendes Licht von meiner Hand aus direkt in mein Herz fließt. Dazu wiederhole ich in Gedanken dreimal die Worte »Ich bin wertvoll und stark«, woraufhin sich feine Strahlen von meinem Herzen aus in meinem ganzen Körper ausbreiten und überall leuchtende Verästelungen bilden. Die Lichtstrahlen sinken tiefer, erstrecken sich über meine Füße hinaus und formen starke lebendige Wurzeln bis ins Erdreich.

Komme ich in Zukunft in eine ähnliche Situation, kann ich mein Baumherz wieder aktivieren, indem ich meine Hand wieder auf meine Brust lege, das Bild und die Worte aus meinem Unterbewusstsein hervorhole und mir dadurch inneren Halt und Stärke schenke.

Solche inneren Bilder, durch die wir unsere persönlichen Ressourcen aktivieren und greifbarer machen – genau wie ruhiges, bewusstes Atmen (siehe Atem-Anker in Woche 1) –, können helfen, uns in unangenehmen, stressigen Situationen schnell und effektiv zu fokussieren und zu beruhigen.

Wiederholt sich die zuvor genannte Situation künftig einmal, werde ich tief durchatmen, meine Hand auf meine Brust legen und dieses Bild von mir als Baum mit festen Wurzeln wieder in mir aktivieren. Ich werde mich auf meine Stabilität zurückbesinnen und versuchen, in diesem Moment gut für mich und meine Bedürfnisse da zu sein. Wozu das Ganze? Um zuzuhören, hinter die Worte meines Gegenübers blicken zu können, meine Sicht souveräner beizutragen oder bei Bedarf das Thema zu wechseln, ohne mich so stark aufregen zu müssen und die Situation noch wochenlang mit mir herumzutragen und immer wieder schmerzhaft zu durchleben.

Alles geschieht zum richtigen Zeitpunkt, weder zu früh noch zu spät. Du musst dies nicht mögen … es ist nur einfacher, wenn du es tust.[23]

(Byron Katie)

Beginnst du heute damit, deine Gedanken öfter einmal ehrlich zu hinterfragen, dich in schwierigen Situationen liebevoll und

---

[23] Zitate berühmter Personen, o. J.: Byron Katie.

wohlwollend auf dich zu besinnen und für dich da zu sein, kann sich dir ein völlig neuer Blick auf das Leben eröffnen. Unsere alltäglichen Frustrationen und Stressmomente sind ein Weckruf des Lebens. Kleine (manchmal nervtötende) Glöckchen der Achtsamkeit, die uns immer wieder daran erinnern, neugierig und entschlossen unsere imaginäre Detektivlupe auszupacken und genauer hinzusehen, was da wie in uns wirkt. Und mit jedem einzelnen belastenden Gedanken, den wir auf diese Weise beleuchten und entschärfen, gehen wir ein wenig gelassener und befreiter durchs Leben.

 Woche 3:
Die wichtigsten Erkenntnisse auf einen Blick:

- Wir Menschen orientieren uns nicht nur an unseren Instinkten, sondern besitzen die Fähigkeit, uns vom Leben programmieren zu lassen. Das heißt, wir navigieren auf Basis einer **inneren Landkarte** durchs Leben, die sich aus Erfahrungen, Weltanschauungen und Werten zusammensetzt und uns Struktur und Orientierung schenkt. Sie macht uns maximal anpassungsfähig, aber lässt uns die Wirklichkeit nur durch die Brille unserer eigenen Weltsicht wahrnehmen.

- Wenn unsere persönliche Sicht mit der Wirklichkeit kollidiert, geraten wir in Stress, da wir glauben, die Wirklichkeit müsste anders ablaufen oder jemand sollte sich anders verhalten. Das erzeugt Spannungen in uns, da wir diese beiden Versionen der Wirklichkeit nicht miteinander in Einklang bringen können.

- In diesem Fall lohnt es sich, genauer hinzusehen und stressige oder schmerzhafte Gedanken mit »The Work« näher zu beleuchten.

Ziel dieses Kapitels ist nicht, still und leise alle Ungerechtigkeiten der Welt zu erdulden – am besten noch mit einem Lächeln. Keinesfalls! Gerade beim Thema Klima brauchen wir einen tief greifenden gesellschaftlichen, wirtschaftlichen und politischen Wandel, um diese globale Krise gemeinsam lösen zu können. Da sind Spannungen und Auseinandersetzungen vorprogrammiert und absolut notwendig. Warum es sich also lohnt, deine Gedanken zu hinterfragen? Weil du dich dadurch von den Meinungen und Handlungen anderer emanzipierst, weniger unter Auseinandersetzungen leidest und beginnst, Wertschätzung, Mitgefühl, Kraft und Hoffnung aus dir selbst heraus zu schöpfen.

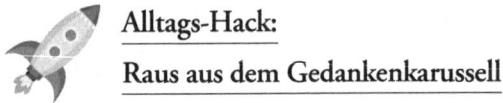

Alltags-Hack:
Raus aus dem Gedankenkarussell

Fragenbasierte Stressreduktion mit »The Work«
von Byron Katie[24]

Überprüfe einen Gedanken auf seinen Wahrheitsgehalt

Vier Fragen für mehr Gelassenheit:

1. Ist das wahr?

2. Kann ich mir absolut sicher sein, dass nur das wahr ist?

3. Was passiert mit mir, wenn ich diesen Gedanken glaube?

(Sinneseindrücke/Gefühle/Verhaltensweisen)

4. Wer wäre ich ohne diesen Gedanken?

5. Drei Umkehrungen mit jeweils 3 Beispielen

---

[24] Byron Katie et al (2012), S. 307ff.

 **DEINE MISSION
IN DIESER WOCHE**

Lerne, verborgene Denkmuster in dir zu entschlüsseln, sie kritisch zu hinterfragen und dir Stück für Stück die Macht über deinen Seelenfrieden zurückzuholen.

1. Extrahiere einen stressigen Gedanken, seziere ihn schriftlich in deinem Notizbuch mithilfe der Methode »The Work«.

2. Gewinne neue, hilfreiche Perspektiven auf dein Problem sowie Ideen, solchen Momenten künftig anders zu begegnen und daran zu wachsen.

3. Aktiviere deine Ressourcen durch ein inneres Bild und fange an, dir genau das zu geben, was du dir in dieser Situation von deinem Gegenüber beziehungsweise der Welt gewünscht hättest.

DER ZETTELTRICK DES ZEN-MEISTERS

Bei meinem letzten Aufenthalt im Europäischen Institut für Angewandten Buddhismus (EIAB) in der Tradition des bekannten Zen-Meisters Thích Nhất Hạnh entdeckte ich in meinem Zimmer an der Wand einen kleinen quadratischen Zettel mit den Worten »Are you sure?« (auf Deutsch: »Bist du sicher?«). Solche Zettelbotschaften finden sich dort überall im Gebäude verteilt und sollen daran erinnern, die eigenen Gedanken immer wieder achtsam und neugierig zu hinterfragen. Schreibe dir in schöner Schrift die Worte »Ist das wahr?« auf ein Stück Papier und klebe es gut sichtbar an deine Wand.

Alchemie der Gedanken

Willst du in den Genuss eines gelasseneren Lebens kommen, gilt es also, deinen Wirklichkeitsmuskel zu trainieren. Mit »The Work« hast du eine wirksame Methode zur Hand, um konstruktiver mit unangenehmen Gefühlen umzugehen, sie zu transformieren und schneller aus zermürbenden, quälenden

Gedankenschleifen auszusteigen. Ab heute darfst du jedes Problem und jede Situation, die dich belasten, als Anlass nehmen, um voller Neugierde und Selbstmitgefühl genauer hinzusehen und anschließend vielleicht ein Stück leichter und befreiter durchs Leben zu gehen.

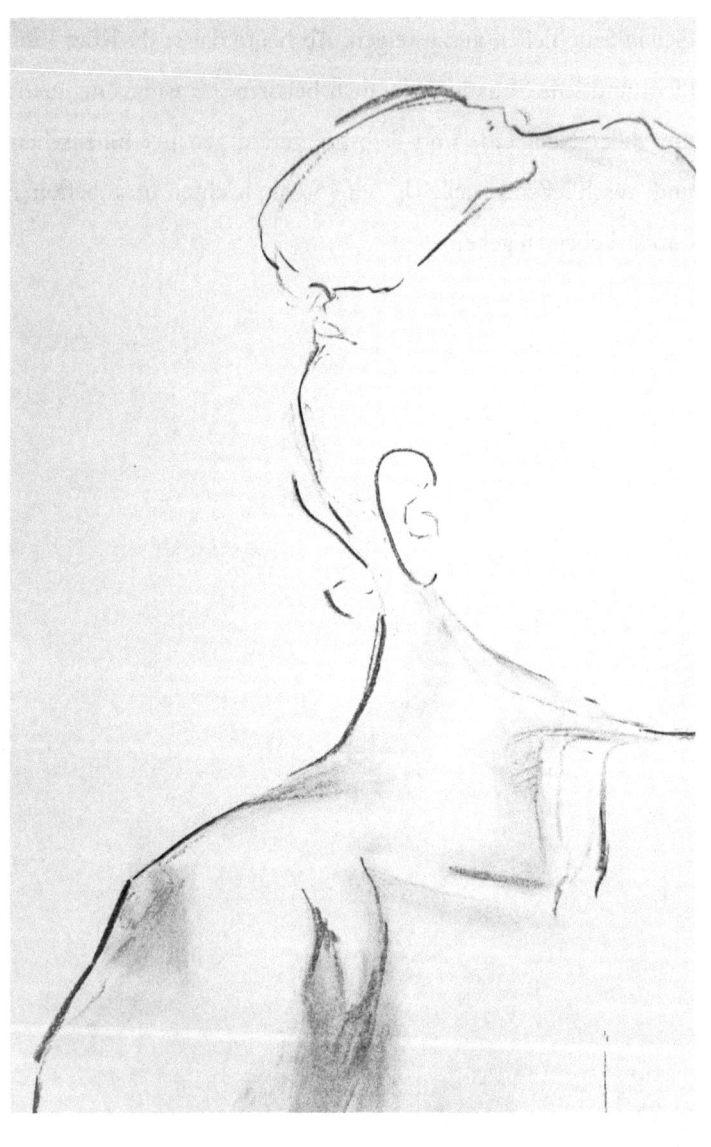

Woche 4

GEFÜHLEN NEU BEGEGNEN

In den vergangenen Wochen hast du dich erfolgreich in die Tiefen deiner Innenwelt hinabgewagt, verborgene Mechanismen des menschlichen Geistes entlarvt und dir neue Werkzeuge angeeignet, um innere Anspannungen zu entschärfen und gelassener durchs Leben zu gehen. Um die Methode »The Work« von Byron Katie[25] (siehe Woche 3) gut anwenden zu können, benötigen wir gerade am Anfang unserer Praxis jedoch auch die Zeit und den Raum dafür. Für den Fall, dass du in Stress gerätst und keine Möglichkeit hast, dich zurückzuziehen, will ich dir daher noch ein zweites Werkzeug an die Hand geben. Mit dem Modell der »3 Angelegenheiten« kannst du in Stresssituationen schnell und unkompliziert innehalten, dich auf deinen Handlungsspielraum zurückbesinnen und dich selbst in deinen Bedürfnissen unterstützen.

---

[25] Byron Katie et al (2012), S. 307ff.

DREI ARTEN VON ANGELEGENHEITEN

In ihrem Modell der »3 Angelegenheiten[26]« unter-
teilt Byron Katie die Wirklichkeit in drei Bereiche:

1. **Meine Angelegenheiten:** z. B., welches Outfit
   ich heute trage, was ich heute esse, was ich
   denke und fühle, wie ich handle, was ich kaufe
   usw.

2. **Deine Angelegenheiten** – also die Belange
   anderer Menschen, z. B., welches Auto sie kaufen, ob sie ihre Pflanzen gießen, welche Werte

---

[26] Byron Katie et al (2013), S. 7ff.

und Ansichten sie besitzen, was sie denken und fühlen und wie sie sich verhalten.

3. **»Gottes« Angelegenheiten** – wobei der Begriff »Gott« hier völlig unabhängig von Glaubensfragen verwendet wird und die Bereiche unserer Wirklichkeit umfasst, die in diesem Moment außerhalb unserer persönlichen Kontrolle liegen (z. B. das Wetter, Naturgewalten, Schicksalsschläge, der Klimawandel etc.)

Als zertifizierte Coachin für Fragenbasierte Stressreduktion rate ich meinen Klientinnen und Klienten, bei aufwallenden schwierigen Gefühlen erst einmal genauer hinzusehen, was da in ihrem Hinterkopf und ihrem Herzen arbeitet, und sich im nächsten Schritt zu fragen:

In welcher Angelegenheit befinde ich mich gerade?
So könnte eine Stresssituation folgendermaßen aussehen:

Wir haben bemerkt, dass unser Partner gelogen hat. Unserer inneren Landkarte nach sind wir der festen Überzeugung (= Glaubenssatz), dass man in Beziehungen ehrlich und aufrichtig sein und nicht lügen sollte. Wir reagieren daher extrem irritiert auf das Verhalten unseres Gegenübers und fassen fast automatisch den Gedanken: »Er sollte mich nicht anlügen.« In Windeseile versucht unser menschlicher Geist (innere Landkarte), sich auf das unerwartete Verhalten unseres Gegenübers einzustellen und Schlüsse daraus zu ziehen, was die Ursache für dessen Lügen sein und was dies für uns bedeuten könnte. Solche gedanklichen Schlüsse könnten sein: »Er/sie hat eine Affäre!«, »Er/sie findet mich nicht mehr attraktiv!«, »Er/sie liebt mich nicht mehr!« oder »Unsere Beziehung steht vor dem Aus!« Diese Gedanken können dann wiederum heftige schmerzhafte Gefühle von Wut, Verzweiflung und Traurigkeit sowie Verlustängste in uns hervorrufen – ein emotionaler Teufelskreis mit starker Eigendynamik.

Laut Byron Katie sind wir bei dem Gedanken »XY sollte mich nicht anlügen« nicht mehr in unserer Angelegenheit, sondern in der Angelegenheit unseres Gegenübers.[27] Wenn wir uns in fremden Angelegenheiten bewegen, fühlen wir uns ohnmächtig, frustriert und fremdbestimmt. Wie könnten wir uns in dieser Situation also verhalten und warum lohnt es sich, sich immer wieder auf unsere eigenen Angelegenheiten zu besinnen? Statt pausenlos mit dem Verhalten meines Gegenübers

---

[27] Byron Katie (Jahr), S. 8f.

zu hadern, könnte ich aktiv das Gespräch suchen. Ich könnte sagen, ich hätte bemerkt, dass er gelogen hat, und dass mich das sehr verletzt und enttäuscht hat. Ich könnte sagen, dass Ehrlichkeit und Vertrauen für mich die Basis einer Beziehung darstellen und dass ich erwarte, dass er mir sein Verhalten erklärt.

Ein solches Gespräch wird wahrscheinlich mit unangenehmen Gefühlen einhergehen, da die Reaktion unseres Gegenübers völlig offen ist und außerhalb unserer Kontrolle liegt. Daher versuchen viele von uns unbewusst, eine offene Konfrontation zu vermeiden. Viel leichter fällt es uns stattdessen, in die Angelegenheit unseres Gegenübers hinüberzugleiten und uns an dem Gedanken »Er/sie sollte sich anders verhalten« festzuhalten. Tatsache ist jedoch, unser Gegenüber hat gelogen und diese Situation ist bereits vergangen und unabänderlich, so fest wir auch daran zerren und uns sagen, er oder sie hätte anders handeln sollen.

Aus diesem Grund ist es ermächtigender und weitaus effektiver, wenn wir in Stresssituationen immer wieder bewusst zu unseren Angelegenheiten zurückkehren – also uns auf unsere Gefühle, Gedanken und Bedürfnisse besinnen und versuchen, uns zu geben, was wir in diesem Moment brauchen. Hier befinden wir uns auf vergleichsweise sicherem Terrain und können lernen, für uns und unsere Bedürfnisse einzustehen, anderen gegenüber offener zu benennen, was in uns vorgeht, was sein/ ihr Verhalten bei uns auslöst und was wir uns von ihm/ihr wünschen. Solche Konfrontationen können uns große Überwindung kosten und uns Angst machen. Doch mit jedem offen geführten Gespräch auf Augenhöhe wachsen unser Selbstvertrauen und eine neue Sicherheit in uns heran. Wenn wir uns in einer schwierigen Situation wieder auf unsere eigene Angelegenheit besinnen, kann es uns gelingen, uns von den Gedanken und dem Verhalten unseres Gegenübers zu emanzipieren, bei uns zu bleiben und die Möglichkeiten, die wir haben, auch wirklich zu nutzen, um eine echte Veränderung der Situation anzustoßen.

Gerade harmonieliebenden Menschen fällt es oftmals schwer, sich ihrer eigenen Bedürfnisse und Grenzen bewusst zu werden und das Gespräch zu suchen, wenn sich Konfrontationen anbahnen. Umso größer sind jedoch auch der Nutzen und die Erleichterung, die diese neue Offenheit auf Augenhöhe mit sich bringen kann.

When we don't argue with reality,
action becomes simpler,
fluid, kind, and fearless.[28]

(Byron Katie)

Auf Deutsch übersetzt lautet das:

Wenn wir damit aufhören, gegen die Wirklichkeit anzukämpfen, gelingt es uns, müheloser, selbstverständlicher, wohlwollender und unerschrockener zu handeln.[29]

Das Modell der »3 Angelegenheiten« soll dich nicht davon abhalten, dich für wichtige übergeordnete Ziele und Visionen wie eine klimagerechtere Zukunft zu engagieren. Ganz im Gegenteil – mit diesem Buch möchte ich dich ja gerade dabei unterstützen, Schritt für Schritt möglichst mühelos und pragmatisch ins Handeln zu kommen und sicherzustellen, dass du an den essenziellen Punkten des Alltags ansetzen kannst, damit dein Beitrag durch ein achtsameres Leben aus Klimasicht (ab Teil 2 des Buches) eine maximale Wirkung entfalten kann.

---

[28] Richards (2019), o. J.
[29] Eigene Übersetzung.

Stattdessen kann das Modell der »3 Angelegenheiten«
immer wieder hilfreich sein, wenn …

- uns deprimierende Nachrichten oder frustrierende Diskussionen rund um die Klimakrise Nerven und Energie kosten,
- wir im Alltag viel Kraft und Energie verlieren, indem wir häufig hadern oder uns immer wieder in Sorgen- und Gedankenschleifen verlieren.

Jedes Gefühl hat seine Berechtigung

Oft resultieren unsere Gefühle dann aus unseren Gedanken dazu, wie die Welt eigentlich sein sollte und wie sich die Politik, die Wirtschaft, die Gesellschaft und andere Menschen stattdessen verhalten sollten. Mit anderen Worten: Wir befinden uns laut Byron Katie außerhalb unserer Angelegenheit und damit im aussichtslosen Kampf gegen die Wirklichkeit.[30] Natürlich fände auch ich es grandios, wenn wir Menschen in der Klimafrage schon viel weiter wären, als wir es derzeit sind. Solche Gedanken und Gefühle sind völlig nachvollziehbar und mehr

---

[30] Byron Katie (2013), S. 5ff.

als berechtigt. Gleichzeitig ist die positive Vision einer klimage-rechteren Welt unheimlich wichtig, um bildlich vor Augen zu haben, wo wir als Gesellschaft hinwollen, warum es sich lohnt, zu handeln und unseren derzeitigen Lebensstil, unsere politischen und wirtschaftlichen Strukturen radikal zu hinterfragen und neu zu denken. Das Modell der »3 Angelegenheiten« für dich anzuwenden, bedeutet also nicht, dass du dich prinzipiell bei Auseinandersetzungen nicht mehr aufregen solltest oder darfst. Gefühle wie Ärger, Wut, Frust oder Traurigkeit über bestehende Verhältnisse können essenzielle Impulsgeber sein, um echte Veränderungen anzustoßen, Gleichgesinnte zusammenzubringen und zu mobilisieren. Tatsache ist jedoch, dass es uns längerfristig zerfressen und stark belasten kann, unser Leben und unser Engagement auf der Basis von Wut, Verzweiflung und Hoffnungslosigkeit zu führen. So berechtigt diese Gefühle angesichts zahlreicher Probleme auch sind – wollen wir auf Dauer gesund, widerstandsfähig und präsent bleiben, ist es entscheidend, dass wir lernen, zu uns selbst heimzukehren und uns in unseren Bedürfnissen zu unterstützen. Hinzusehen und hinzuspüren, was in uns vorgeht, was wir gerade brauchen und wo unser konkreter Handlungsspielraum in diesem Moment verläuft und endet.

Man muss mit seinen Gedanken nur bei
dem sein, was gerade jetzt zu tun ist.[31]

(Mark Aurel)

Probleme und Krisen als Wachstumsbeschleuniger

Gerade schwierige, stressige Situationen können wir ganz hervorragend dafür nutzen, um zu uns selbst heimzukehren, genauer hinzusehen und hinzuhören und endlich damit zu beginnen, uns selbst wohlwollend zur Seite zu stehen und inneren Ballast Stück für Stück loszulassen.

Wir haben Angst, vom Schmerz überwältigt
zu werden, deswegen versuchen wir immer,
davor wegzulaufen. Da ist Einsamkeit, Angst,
Wut und Verzweiflung in uns. Meistens
versuchen wir, diese Gefühle durch Konsum
zu überdecken. Viele Menschen essen aus

---

[31] Aurel (2020), zitiert nach: https://www.freismuth.org/ueber-den-habitus-des-stoiker/.

diesem Grund, schalten den Fernseher ein oder
tun beides gleichzeitig. Und auch wenn das
Fernsehprogramm überhaupt nicht interessant
ist, haben wir nicht den Mut, es auszuschalten,
denn wenn wir es ausschalten, müssen wir
zu uns selbst zurückkehren und dem inneren
Schmerz begegnen. Der Markt versorgt uns mit
zahlreichen Angeboten, die uns dabei helfen
sollen, den Schmerz in uns zu ignorieren.[32]

(Thích Nhất Hạnh)

Gefühlen Raum geben

Warum ist es dann überhaupt ratsam, unangenehmen Gefühlen
Raum zu geben – wo wir Wut, Traurigkeit, Frust und Co. doch
gern möglichst schnell wieder loswerden würden? Unsere übliche
Verhaltensweise: Wir verdrängen schmerzhafte Gefühle nach
Möglichkeit und versuchen, auf andere Gedanken zu kommen.

---

[32] Goodreads (o. J.), o. S, eigene Übersetzung.

Eine Strategie, die lange funktionieren kann, bis uns die besagten Emotionen dann – oftmals im unpassendsten Moment – um die Ohren fliegen und wir überrascht sind, was da alles an alten Themen hervorsprudelt. Denn auch wenn wir dunkle Gefühle mit aller Gewalt wegdrücken, arbeiten sie in unserem Unterbewusstsein weiter, zehren an unserer Lebensfreude und können auf Dauer vielfältige körperliche Beschwerden auslösen.

Fakt ist: Gerade beim Thema Klimakrise ist eine gesunde Balance zwischen Anspannung und Entspannung immens wichtig. Auf der einen Seite fokussieren wir uns auf existierende Probleme und versuchen, diese aktiv anzugehen – auf der anderen Seite ist es elementar, diese Probleme auch immer wieder bewusst loszulassen und uns mit dem Leben und der Fülle in uns und um uns herum zu verbinden. Verharren wir pausenlos im Problemlösungsmodus – noch dazu bei einem Thema, das zum Großteil außerhalb unseres individuellen Handlungsspielraumes liegt –, ist die Gefahr groß, dass wir immer wieder über unsere persönlichen Grenzen gehen und uns irgendwann ausgelaugt und hoffnungslos fühlen. Aber auch das andere Extrem ist auf Dauer ungesund: wenn wir – wie oben beschrieben – alle schwierigen, schmerzhaften Gefühle in die unterste Schublade unseres

Bewusstseins verbannen, wo sie uns trotzdem viel Energie und Lebensfreude kosten und innere Anspannungen wie eine tickende Zeitbombe in uns anwachsen lassen. Was könnten wir also stattdessen tun, um unangenehmen Gefühlen achtsam zu begegnen – und das, bevor sie zu seelischem Ballast werden?

In seinem Buch »Ohne Schlamm kein Lotos. Die Kunst, Leid zu verwandeln« von 2015 betont der Zen-Meister und Lyriker Thích Nhất Hạnh, wie wichtig es ist, einen neuen Umgang mit unseren Emotionen zu pflegen. Er liefert uns dafür das Bild einer mitfühlenden Mutter, die sich um ihr weinendes Baby kümmert. Sie nimmt ihr Kind ganz selbstverständlich in die Arme – ohne das Weinen zu unterdrücken, zu verurteilen oder zu ignorieren. Laut Thích Nhất Hạnh ist Achtsamkeit genau wie diese Mutter: Sie erkennt und umarmt Leiden ohne Urteil.[33] Die Praxis eines achtsamen Lebens besteht also darin, unsere schmerzhaften Gefühle nicht zu bekämpfen oder zu unterdrücken, sondern sie mit Zärtlichkeit und Mitgefühl zu wiegen.

---

[33] Goodreads (o. J.), o. S.

All of my pain is a spider
I've learned not to crush with the heel of my shoe
but to guide with the page of my journal
into an empty glass
asking questions about its life, its purpose,
as I walk careful out to the garden
and rest it down on the earth.
My pain, how happy it is to leave me
whenever I treat it kind.[34]

(Andrea Gibson)

All mein Schmerz ist eine Spinne,
die ich gelernt habe, zu verschonen,
sie nicht zu zertreten mit dem Absatz meines Schuhs,
sondern sie zu geleiten, mit einer Seite meines Notizbuchs,
hinein in ein leeres Glas.
Fragen zu stellen über ihr Leben, ihre Bestimmung,
während ich hinaus in den Garten laufe
und sie vorsichtig auf die Erde setze.

---

[34] Gibson (2023), Instagram.

Meinen Schmerz.
Wie glücklich er ist,
mich zu verlassen,
wenn ich ihn liebevoll behandle.

(Eigene Übersetzung)

Im Auge des Sturms

Für uns und unsere Gefühle da zu sein, ist eine Lebenskunst, durch die wir aus uns selbst heraus Sicherheit, Liebe, Halt und Geborgenheit kultivieren können. Trauen wir uns, unserem Leid den Raum zu geben, den es verdient, es zu fühlen und zärtlich zu wiegen, beginnt es, sich Stück für Stück zu lösen, uns zu durchfließen, sich zu wandeln und neue Farben anzunehmen. Wo Schwere und Dunkelheit waren, kann neue Lebendigkeit zutage treten. Das kann sich wie ein Wunder anfühlen. Zu erleben, wie du dir selbst Trost, Mitgefühl und Zuwendung schenkst, kann eine völlig neue Form der Stabilität, Zuversicht und Sicherheit in dir heranreifen lassen.

Wir können vielem mutig gegenübertreten,

ohne als Einzelne alles ändern zu können.

Aber absolut nichts vermag sich zu ändern,

bis wir uns einer Sache stellen.[35]

(James Baldwin)

 Woche 4:
Die wichtigsten Erkenntnisse auf einen Blick

- Als Menschen haben wir prinzipiell zwei Möglichkeiten:
  Wir können versuchen, ein Problem anzugehen, um eine
  Situation zu verändern, oder aber wir versuchen, einen
  anderen Umgang damit zu finden.
- Gerade bei der globalen Klimakrise, die sich größtenteils
  außerhalb unseres individuellen Handlungsrahmens befindet, ist eine gesunde Balance aus diesen beiden essenziellen
  Strategien (Dinge anzugehen und sie auch wieder loslassen
  zu können) besonders wichtig.

---

[35] Baldwin (1962), S. 38, Spalte 5.

- Teil 1 dieses Buches vermittelt dir also, wie du inneren Ballast loslassen kannst, während du in Teil 2 die wichtigsten Facetten deines Alltags angehst, um dem Klima, deinem Geldbeutel und dir selbst Gutes zu tun.
- Dieses Prinzip von Angehen und Loslassen, von Anspannung und Entspannung, bringt uns wieder zurück zum Anfang dieses Buches – zu den Grundlagen gesunden Stressmanagements und dem Stärken deiner Resilienz.

Möchtest du ein gelasseneres, selbstbestimmteres Leben führen, dann gilt es bei herausfordernden Gefühlen

1. genau hinzusehen, deine Gedanken aufzuspüren, um sie neugierig und wertfrei zu hinterfragen,
2. Selbstfürsorge zu kultivieren, für dich, deine Bedürfnisse und deine schwierigen Gefühle da zu sein, ihnen Raum zu geben, sie zärtlich zu umarmen, damit sie sich wandeln und dich loslassen können.

Genau darin besteht die Praxis eines achtsamen Lebens: Mitgefühl und Wohlwollen zu kultivieren für dich und die lebendige Welt, die dich umgibt.

Drei Angelegenheiten

In dieser Woche hast du dich mit dem Modell der »**Drei Angelegenheiten**« vertraut gemacht. Nutze es, um dir in schwierigen Situationen einen klaren Kopf zu verschaffen. Dazu fragst du dich: »**In welcher Angelegenheit befinde ich mich gerade?**« Du besinnst dich auf deinen persönlichen Handlungsspielraum, benennst deine Bedürfnisse und versuchst, bestmöglich für dich einzustehen.

Die transformative Kraft des Loslassens

Indem du auch unangenehmen Emotionen einen Raum gibst, wenn sie in dir auftauchen, können sie sich nach und nach lösen und sich verwandeln. Auch der international renommierte US-amerikanische Psychiater, Autor und Bewusstseinsforscher David Ramon Hawkins widmete sich mit seinem Buch »Loslassen« dieser simplen und doch höchst effektiven Technik. Auf der Suche nach den besten Methoden, um inneres Leid zu reduzieren, untersuchte er jahrzehntelang diverse Traditionen und Techniken aus wissenschaftlicher Perspektive.[36]

Das Fazit seiner Forschungen: Die effektivste Methode, um schnell, effektiv und nachhaltig innere Heilung und Transformation zu erleben, ist die Kunst des Loslassens.

Mit anderen Worten: schmerzhaften Gefühlen im Alltag immer wieder einen wertfreien Raum zu öffnen und sie dadurch sukzessive loslassen zu können.

Alltags-Hack:
Die Kunst des Loslassens

Seelenhygiene für Einsteiger:

Du merkst, dass es in dir rumort oder schmerzt? Dann ist jetzt der perfekte Moment, genauer hinzusehen, deinen Gefühlen Raum zu geben und diesen in Mitgefühl und Wohlwollen ein paar Minuten lang zu halten. Der Lohn für deine Unerschrockenheit und deinen Mut, hinzufühlen, statt einfach alles Unangenehme wegzudrücken: ein langsam wachsendes Erleben innerer Freiheit, tiefer Heilung, neuer Kraft und Energie.

---

[36] Hawkins (2014).

134

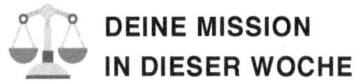

DEINE MISSION
IN DIESER WOCHE

Emotionen liebevoll begegnen

Erlebe das befreiende Gefühl, unangenehmen Regungen liebevoll nachzuspüren und inneren Ballast auf diese Weise nach und nach abzutragen.

1. Ziehe dich in dieser Woche für circa 15 Minuten an einen ruhigen, ungestörten Ort zurück, setze dich entspannt hin und mache dir meditative Musik an. (Ich nutze zum Loslassen immer das wunderschöne klassische Stück »Agnus Dei« von Samuel Barber – sehr zu empfehlen.)

2. Schließe die Augen, lege deine Arme um dich (wenn es sich für dich gut anfühlt) und lasse alle Gefühle für circa fünf Minuten hochkommen und durch dich hindurchfließen. Stell dir dabei vor, du öffnest einen inneren Raum in dir. Einen Raum, in dessen Mitte du sitzt und alle Regungen und Empfindungen zu dir einlädst. Alles, was da ist und erscheint, darf da sein.

3. Wie eine liebevolle Mutter oder ein liebevoller Vater umarmst und wiegst du alle Gefühle, die in dir erscheinen – ohne sie zu beurteilen, verändern zu wollen oder sie wegzudrücken.

4. Beobachte, wie sich Farbe, Gewicht und Energie deiner inneren Regungen mit der Zeit verändern.

Dein Atem-Anker für alle Lebenslagen: Wenn du Angst bekommst, dass deine Emotionen dich überwältigen könnten, kehre zu deinem Atem zurück und verbinde dich mit deinem Körper (z. B.: Welche Sinneseindrücke spürst du? Merkst du, wie dein Atem deinen Körper durchströmt? Nimmst du die Stellen wahr, an denen dein Körper den Boden berührt?).

Falls dich die Übung überfordert, kannst du dich auch schrittweise von einer Minute bis hin zu fünf Minuten an die Technik des Loslassens herantasten. Darüber hinaus darfst du die Übung natürlich jederzeit abbrechen, wenn es dir zu viel wird, und deine Gedanken in deinem Notizbuch sammeln.

ACHTSAMKEIT TRIFFT RESILIENZ

In den vergangenen Wochen hast du

- gelernt, in Stresssituationen die Perspektive zu wechseln,

- gelernt, dich stärker in andere hineinzuversetzen,

- gelernt, die Wirklichkeit leichter anzunehmen,

- deine Selbstwirksamkeit trainiert,

- dich damit beschäftigt, wie du einen neuen Umgang mit unangenehmen Gedanken und Gefühlen finden kannst,

- deine Kreativität durch Visualisierungen und innere Bilder angeregt.

All diese Punkte zählen zu den elementaren Säulen der Resilienz.[37] In den vergangenen vier Wochen hast du also neben deiner Achtsamkeit auch gleich deine Resilienz mittrainiert. Herzlichen Glückwunsch!

---

[37] Eberle (2019), S. 44.

Ohne Leid gibt es kein Glück. Deswegen sollten wir unserem Leid vorbehaltlos begegnen. Wir sollten lernen, wie wir unser eigenes Leid und das der Welt umarmen und mit viel Zärtlichkeit im Arm halten können.[38]

(Thích Nhất Hạnh)

---

[38] Thích Nhất Hạnh (2015), o. S.

Woche 5

KLIMA IM KOPF

In der vergangenen Woche hast du ja bereits mit der Kunst des Loslassens experimentiert und weißt nun mehr über einen guten Umgang mit schwierigen Gefühlen. Du bist also bestens gewappnet für das Thema dieser Woche, in der wir die komplexe und emotional aufgeladene Klimakrise einmal ehrlich und offen betrachten werden. In den kommenden Tagen untersuchen wir, was die Klimakrise auf emotionaler Ebene mit uns macht. Wir klären, wie wir als Einzelne einen gesunden Umgang mit diesem Thema finden und die Klimawende entscheidend mittragen können – ohne daran zu verzweifeln oder auszubrennen.

 TIPP

Falls dich die Informationen in den kommenden Absätzen oder die Gefühle, die sie bei dir hervorrufen, überfordern, kannst du jederzeit eine Pause einlegen und/oder deine Gedanken in deinem Notizbuch niederschreiben und sortieren.

Die Alleingelassenen

Laut einer viel beachteten internationalen Studie von Caroline Hickman, bei der Kinder und Jugendliche in zehn Nationen rund um den Erdball befragt wurden (Australien, England, Frankreich, Finnland und viele Länder mehr), gaben 59 Prozent der jungen Menschen an, die Klimakrise bereite ihnen »starke oder extreme Sorgen«.[39] Mehr als die Hälfte der Kinder und Jugendlichen berichteten, der Klimawandel erzeuge in ihnen Gefühle von Traurigkeit, Wut, Hilflosigkeit, Ohnmacht, Angst und Schuldgefühlen. 75 Prozent der Kinder und Jugendlichen sagten, sie hätten große Angst vor der Zukunft. 83 Prozent waren der Meinung, die Menschen hätten versagt, sich angemessen um den Planeten zu kümmern. Sie fühlten sich von ihrer Regierung verraten und im Stich gelassen.

Das Fazit der Studie: Eine große Mehrheit junger Menschen ist seelisch stark belastet durch die Klimakrise und fühlt sich von Gesellschaft und Politik allein gelassen.[40] Wie gerne würde ich nun schreiben, dass die Sorgen und Nöte der jungen Menschen

---

[39] Hickman et al. (2021), o. S.
[40] Hickman et al. (2021), E863–E873.

rund um den Globus unberechtigt sind und bestimmt alles halb so dramatisch werden wird. Doch der jüngste Bericht des Weltklimarates[41] der Vereinten Nationen von März 2023 illustriert, was unsere Kinder längst ahnen und wie gesund und angebracht ihre schmerzhaften Klimagefühle sind.

Weltklimarat drängt zur Eile beim Klimaschutz

Demnach hat sich die weltweite Durchschnittstemperatur innerhalb der vergangenen 200 Jahre durch uns Menschen bereits um 1,2 Grad erhöht. Die Auswirkungen der Erderwärmung sind häufigere und heftigere Hitzewellen, Überschwemmungen und Dürren. Diese Klimafolgen sind schon heute deutlich spür- und messbar und zeigen sich bereits jetzt schon viel stärker, als bisher angenommen wurde.[42] Dies bedeutet, die Risiken und Auswirkungen des Klimawandels werden selbst bei 1,5 Grad Erwärmung deutlich höher ausfallen als bislang berechnet. Tragischerweise

---

[41] IPCC: Intergovernmental Panel on Climate Change, Weltklimarat der Vereinten Nationen.
[42] Weltklimarat der Vereinten Nationen (2023), S. 2.

reichen die Maßnahmen, die in den vergangenen Jahren ergriffen wurden, nicht annähernd aus, um unser erklärtes Ziel von 1,5 Grad maximaler Erderwärmung einzuhalten. Der Weltklimarat kritisiert, dass bisher viel zu langsam und nicht umfassend genug gehandelt werde. Laut dem Bericht benötigen wir dringend schnelle und weitreichende Maßnahmen seitens Politik und Wirtschaft, um unsere Emissionen massiv zu senken und uns auf die zerstörerischen Folgen der Klimakrise vorzubereiten. So ist der CO_2-Ausstoß durch Kohle, Erdgas und Erdöl noch immer viel zu hoch. Vor allem in der Industrie, im Bausektor und im Bereich Verkehr müssten künftig deutlich mehr Emissionen reduziert werden. Auch das Verhalten von uns Einzelnen und unser Lebensstil schlagen klimatechnisch klar zu Buche.

Die derzeitigen Pro-Kopf-Emissionen in Deutschland liegen zum Beispiel bei rund 11 Tonnen, die sich bis 2050 auf weniger als 1 Tonne pro Kopf reduzieren müssen, um die Klimakatastrophe überhaupt noch stoppen zu können.[43]

---

[43] Weltklimarat der Vereinten Nationen (2023), o. S.

Das Fenster der Möglichkeiten, mit denen
wir eine lebenswerte und nachhaltige
Zukunft für alle sicherstellen können,
schließt sich zusehends. Die Entscheidungen
und Maßnahmen, die in diesem Jahrzehnt
umgesetzt werden, werden sich entscheidend
auf die Gegenwart und die nächsten
Jahrtausende auswirken.[44]

(Weltklimarat der Vereinten Nationen)

Eine Frage der Gerechtigkeit

In seinem Bericht hebt der Weltklimarat die besondere Verantwortung vermögender Menschen hervor. Die Studienlage
zeige, dass die reichsten 10 Prozent der Gesellschaft bisher
überproportional stark zur Klimaerwärmung beitragen. Diesem
Teil der Bevölkerung stehen jedoch besondere Möglichkeiten
zur Verfügung, ihre persönlichen Klimaemissionen künftig zu

---

[44] Science Media Center Germany (2023), o. S.

reduzieren und so eine wichtige Rolle an diesem entscheidenden Punkt der Menschheitsgeschichte zu übernehmen. Indem sie ihren Einfluss und ihre Mittel bewusster nutzen, könnten vermögende Menschen zu wichtigen Schlüsselfiguren werden, um die Klimawende in Gesellschaft, Politik und Wirtschaft spürbar voranzutreiben.[45]

Darüber hinaus verdeutlicht der Abschlussbericht des IPCC, dass die Länder des globalen Südens am stärksten von der Klimakrise betroffen sind und weiterhin sein werden – also genau die Nationen, die von ihrer Infrastruktur her am verwundbarsten sind und historisch gesehen am wenigsten zum Klimawandel beigetragen haben. Klassische Industrienationen des globalen Nordens – zum Beispiel Deutschland – tragen hingegen eine große Mitverantwortung, um stärker für gefährdete Regionen und die dortigen Klimaschäden einzustehen, sie finanziell abzufedern und weiteren Folgen bestmöglich vorzubeugen.[46]

[45] Oxfam (2023), S. 4.
[46] Oxfam (2023), S. 9.

Düstere Aussichten für unsere Kinder

Der IPCC-Abschlussbericht betont, dass die Klimafrage eine Frage der Fairness gegenüber jungen Menschen und kommenden Generationen ist.[47]

»Wir sollten uns fragen, wie wir eigentlich mit zukünftigen Generationen umgehen. Wenn man sich die Zahlen anschaut, welche Risiken da auf uns zukommen, z. B. in einer Welt mit einer Klimaerwärmung von 2,5 oder 3 Grad, dann ist es brachial, was wir zukünftigen Generationen aufbürden«[48], sagt Professor Matthias Garschagen, Klimaforscher an der Ludwig-Maximilians-Universität München und Mitautor des IPCC-Abschlussberichts.

Welchen riesigen Unterschied so ein paar läppische Zehntelgrad Klimaerwärmung ausmachen, illustriert ein interaktiver Rechner von Zeit online[49] auf erschreckende Weise. Hier können Leserinnen und Leser ihr Geburtsjahr sowie das ihrer Kinder eintragen und eine wissenschaftlich fundierte Prognose erhalten, wie die Welt voraussichtlich aussehen wird, wenn es mit dem

---

[47] Tagesschau (2023), o. S.
[48] Tagesschau.de (2023), Interview.
[49] Blickle et al. (2023), o. S.

Klimaschutz so (langsam) weitergeht wie bisher. Gebe ich mein Geburtsjahr ein, lese ich, dass ich als 65-Jährige mit einer Welt mit 1,9 Grad Klimaerwärmung zu rechnen hätte. Das bedeutet: extreme Hitzewellen weltweit, erste kleine Inseln würden unbewohnbar, ein Großteil aller Korallenriffe wäre zerstört und der Meeresspiegel in Norddeutschland um knapp einen halben Meter angestiegen. Gebe ich nun das Geburtsjahr meiner kleinen Tochter ein – das Jahr 2015 –, erfahre ich, dass sie im Alter von 65 Jahren schon mit 2,5 Grad Erderwärmung rechnen muss und damit einer weit bedrohlicheren Welt gegenüberstehen könnte. Diese wäre geprägt von dramatischer Lebensmittel- und Wasserknappheit, dem unwiderruflichen Kollaps der grönländischen und arktischen Eisschilde, was mittelfristig einen Meeresspiegelanstieg von mehreren Metern zur Folge hätte. Im Sommer litte die Hälfte der europäischen Bevölkerung an sehr hohem Hitzestress sowie starkem Wassermangel. Hitze und Dürre würden zu weitreichenden Ernteausfällen führen und selbst in Europa die Grundversorgung mit Lebensmitteln und Wasser gefährden.

Der jüngste Bericht des Weltklimarates zeigt, dass es uns Menschen noch immer möglich ist, das Ruder herumzureißen und auch den Generationen nach uns noch eine lebenswerte

Zukunft auf diesem wunderschönen Planeten zu ermöglichen.[50] Wir sollten alles dafür tun, um die rote Linie von 1,5 Grad Erderwärmung nicht zu überschreiten, da jedes Zehntelgrad Erwärmung die zerstörerischen Auswirkungen potenziert und ab einem bestimmten Punkt unumkehrbar macht.

Gleichzeitig macht der Abschlussbericht jedoch auch Mut, indem er auf den positiven Nutzen der notwendigen Klimaschutzmaßnahmen hinweist, die auf vielen Ebenen zugleich einen großen Mehrwert für uns Menschen schaffen können.[51]

Fest steht also: Wir haben riesige Aufgaben vor uns und können das Klimathema als Einzelne, als Gesellschaft sowie als Weltgemeinschaft nicht länger so wie bisher weiterlaufen lassen. Stattdessen sind wir alle gemeinsam gefordert. Zudem ist es von zentraler Bedeutung, dass wir uns von heute an nicht mehr gegen notwendige Veränderungen sperren, mit denen wir als Menschheit noch versuchen können und sollten, das Schlimmste abzuwenden und die Klimawende proaktiv und achtsam mitzutragen.

---

[50] Umweltbundesamt Deutschland (2023a), o. S.
[51] Nieskes (2023), o. S.

Anfang 2023 besuchte ich im Rahmen der Recherche für dieses Buch ein Event der Psychologists for Future im Essener Nachbarschaftsladen Fachgeschäft für Stadtwandel. Der Abend stand allen Interessierten offen und widmete sich dem gegenseitigen Austausch zum Thema Klimagefühle. Nach einer warmherzigen Begrüßung lud man uns dazu ein, Platz zu nehmen, die Augen zu schließen und erst einmal – ein paar Atemzüge lang – bei uns anzukommen. Daraufhin wurden wir gebeten, einmal zu schauen, welche Emotionen im Zusammenhang mit der Klimakrise in uns auftauchten. Obwohl ich mich schon seit vielen Jahren intensiv mit dem Thema Nachhaltigkeit beschäftige und als Autorin und Journalistin darüber schreibe, war ich völlig überrascht, wie schnell und intensiv Bilder und Emotionen in mir aufstiegen und mir die Tränen in die Augen trieben. Da waren Wehmut und Trauer – unendlich groß über all die Umweltzerstörung, das derzeitige Massensterben von Tieren und Pflanzen, Bilder der Weltmeere voller Plastikmüll. Da waren Angst und Wut, dazu das Bild meiner gerade achtjährigen, wunderschönen Tochter – vor dem Hintergrund einer kaputten, überlebensfeindlichen Welt. Da war eine tiefe Hoffnungslosigkeit über diesen einst blau-grünen Planeten voller Leben und Wunder, zugrunde gerichtet von uns Menschen in unserem Wahn nach immer mehr. Die Minute war vorbei und wir bildeten Kleingruppen, um uns mit den anderen Teilnehmenden über unsere Gefühle und Gedanken auszutauschen. Die jeweils stärksten Emotionen, die sich in uns gezeigt hatten, notierten wir auf Karteikarten, die wir anschließend in großer Runde auf dem Boden auslegten. Unsere kollektiven Klimagefühle vor Augen, wurde mir in diesem Moment erstmals bewusst, dass mich meine schweren Emotionen schon seit Jahren begleiteten und auf mir lasteten. Im Alltag habe ich viele Menschen erlebt, denen die Klimakrise relativ egal zu sein schien – oder besser gesagt: Ich sah mich umgeben von Leuten, die ihr Leben nach außen hin einfach weiterlebten wie bisher. Dieser Abend, an dem ich mich mit anderen klimabewegten Menschen austauschen konnte, an dem wir unseren Gefühlen und Gedanken einen Raum gaben und diesen gemeinsam hielten, veränderte meine Wahrnehmung und meinen Schmerz von Grund auf: Die tiefe Hoffnungslosigkeit, die Wehmut und die Wut, die zuvor in mir hochgekommen waren, wichen nach und nach einem Gefühl inniger Verbundenheit. Ich fühlte mich extrem erleichtert. Erstmals seit Jahren spürte ich neue Hoffnung und neue Energie in mir, um dieses wichtige Thema entsprechend meinen Mitteln und Möglichkeiten mit neuem Schwung und neuem Elan weiter voranzutreiben. Dabei sehe ich mich als überzeugte Possibilistin. Auf diesen Begriff stieß ich 2019 durch Luisa Neubauers und Alexander Repennings Buch »Vom Ende der Klimakrise«, in dem sie Jakob von Uexküll zitieren, den Erfinder des alternativen Nobelpreises. Der Begriff Possibilismus geht auf Paul Brousse zurück und bezeichnet eine Strömung innerhalb des französischen Sozialismus. Im Gegensatz zu Pessimisten und Optimisten konzentrieren sich PossibilistInnen bewusst auf die Möglichkeiten, die es in diesem Moment gibt, krempeln die Ärmel hoch und legen los.

Unsere Welt neu denken

So viele Menschen leiden heutzutage unter dem Gefühl der Sinnlosigkeit. Gerade im Kontrast zur Klimakrise, die wie ein Tsunami auf uns zuzurasen scheint, kann uns vieles plötzlich sinnlos erscheinen. Aber gibt es ein sinnvolleres Ziel, als jetzt, in diesem Moment, innezuhalten, aufzustehen und uns schützend vor die Kinder von morgen zu stellen? Uns ab heute auf neue Wege hin zu einem erfüllten und klimafreundlichen Leben zu wagen? Ganz sicher liegen große Herausforderungen vor uns, doch wir alle können lernen, Halt und Hoffnung in uns selbst zu finden, einander zu stärken und zu stützen. Wie wir bereits in Woche 3 festgestellt haben, sind wir Menschen extrem flexibel und anpassungsfähig. Vielleicht ist die Klimakatastrophe ja genau die Gelegenheit, die wir als Spezies brauchen, um uns darauf zu besinnen, was wirklich zählt in unserem Leben und im gemeinsamen Miteinander. Der Ausgangspunkt für eine neue Art, zu leben und zu wirtschaften – im Gleichgewicht mit der lebendigen Natur, den endlichen Ressourcen und den physikalischen Gesetzmäßigkeiten unseres Planeten. Eine Zeit des Neubeginns, in der wir als Menschheit anfangen, althergebrachte Strukturen und Lebensweisen kritisch zu hinterfragen und in unserem Sinne umzuschreiben. Was auch kommen mag, wir können uns darin üben, immer wieder zu uns heimzukehren, uns zu verbinden mit der tiefen Liebe und dem Mitgefühl für uns selbst und die Welt. Für unsere Nichten, Neffen und Enkel, für unsere Mitmenschen und die Kinder von morgen, für all die atmenden und fühlenden Wesen und Pflanzen da draußen auf diesem wundersamen, lebendigen Planeten, der unser aller Zuhause ist.

Herzlichen Glückwunsch! Du hast dich soeben erfolgreich durch ein wahres Dickicht an Zahlen und Zusammenhängen rund um die Klimakrise gekämpft. Dafür darfst du dir jetzt einmal beherzt auf die Schulter klopfen. Haben die geballten Informationen und Eindrücke dieser Woche vielleicht auch schwere Gedanken, Gefühle und Bilder in dir und deinem Unterbewusstsein hervorgerufen? Oder raucht dir einfach nur der Kopf und du sehnst dich danach, all das von dir abzuschütteln?

Geheimwaffe gegen Anspannungen

Dann darfst du gleich genau das tun und eine kleine Bewegungspause einlegen, um hinaus aus deinem Kopf und hinein in deinen Körper zu gelangen. In den ersten Wochen bei der Lektüre dieses Buches hast du ja bereits erfahren, wie wichtig eine gesunde Balance zwischen An- und Entspannung ist. Gerade beim Thema Klimakrise, die sich für uns als Einzelne so riesig und übermächtig anfühlen kann, ist es wichtig, unseren Problemfokus immer wieder loszulassen und uns wieder mit dem Leben im Hier und Jetzt zu verbinden. Eine kleine Tanzpause kann hier Wunder vollbringen. Dabei ist völlig unerheblich, ob du gut tanzen kannst. Wenn du dich befangen fühlst, sorge einfach dafür, dass du während deiner kleinen Tanzpause ungestört bist, und schließe gern dabei die Augen. Bei dieser Übung ist es egal, wie du beim Tanzen aussiehst, denn es geht nur darum, mit deinem Körper eins zu werden, ihm Leben einzuhauchen und die Energie und die Emotionen in dir ins Fließen zu bringen.

Shake it off!

1. Wähle als Erstes ein Lieblingslied aus, das zu deiner aktuellen Stimmung passt, bringe deine Gefühle und Gedanken in Bewegung und verleihe ihnen mithilfe deines Körpers Ausdruck. Schließlich können wir unseren Gefühlen nicht nur in Stille begegnen und Raum geben (wie in Woche 4 im Detail beschrieben). Indem wir uns zu Musik bewegen, die uns berührt und aus dem Herzen spricht, können diese Emotionen beginnen zu fließen und sich schon nach kurzer Zeit verändern.

2. Als zweiten Song wählst du einen Titel, auf den du gerade Lust hast, der dir zum Beispiel Freude, Lebendigkeit oder Leichtigkeit vermittelt – je nachdem, wonach du dich gerade sehnst.

Ausgleichendes Abzappeln

Leidenschaftliches Abtanzen – gern auch zu trashigen Pop-Hymnen – kann in diesem Zusammenhang Großes vollbringen und ermöglicht maximale Erfrischung bei minimalem Zeitaufwand. Völlig egal, ob sich mentaler Ballast aus der Auseinandersetzung mit der Klimakrise oder einfach nur im Rahmen eines ganz normalen Tages in dir angestaut hat – Humor, Bewegung und Musik sind ein effektives und heilsames Gegenmittel, um dich immer wieder mit deinem Körper zu verbinden und frische Lebensenergie und Kraft durch deine Adern zu pumpen.

Zeit für eine kurze Lockerungsübung für Körper und Geist.

 **5-MINUTEN-AUFGABE:**
DANCE YOUR HEART OUT!

1. Nimm drei tiefe Atemzüge und benenne die stärkste Emotion, die du gerade in dir spürst.

2. Suche in Gedanken spontan nach einem Lied, das dieses Gefühl ausdrückt. Mache es an und lasse deinen Körper sprechen. Wenn du dabei

mitsingst, kannst du die positiven Effekte dieser Übung noch verstärken.

3. Schüttele deinen Speck: Frage dich anschließend, nach welchem Gefühl du dich jetzt sehnst. Lade diese Emotion mit einem zweiten Song zu dir ein und erwecke sie durchs Tanzen in dir zum Leben.

Ich hoffe, du hast deine kleine Aufgabe in die Tat umgesetzt und erquickende Minuten verlebt. Auch ich habe den Moment eben genutzt, um mich mit Taylor Swifts »Shake it off« und »Zukunft Pink« von Peter Fox ein wenig aufzulockern und einzugrooven. Das Ergebnis: Meine Gehirnwindungen sind wieder optimal gelüftet und ich fühle mich deutlich frischer, lebendiger und entspannter als zuvor. Beste Voraussetzungen, um die Inhalte dieser Woche noch einmal Revue passieren zu lassen.

Woche 5:

Die wichtigsten Erkenntnisse auf einen Blick

- Eine große Mehrheit junger Menschen weltweit ist seelisch stark belastet durch die Klimakrise und fühlt sich von Politik und Gesellschaft allein gelassen.
- Ihre Gefühle und Ängste sind der Situation absolut angemessen.
- Viel zu langsam und nicht umfassend genug: Der jüngste Bericht des Weltklimarates zeigt, dass die Maßnahmen, die bisher ergriffen wurden, um das Ziel von 1,5 Grad maximaler Erderwärmung einzuhalten, bei Weitem nicht ausreichen.[52]
- Laut Klimarat werden die Entscheidungen und Maßnahmen, die wir in diesem Jahrzehnt ergreifen, das Leben auf der Erde in den kommenden Jahrtausenden entscheidend prägen.[53]
- Unser derzeitiger Lebensstil schlägt klimatechnisch deutlich zu Buche.

---

[52] Umweltbundesamt Deutschland (2023a), o. S.
[53] Weltklimarat der Vereinten Nationen (2023).

- Viele Menschen teilen typische Klimagefühle wie Angst, Wehmut, Trauer, Hoffnungslosigkeit und Wut, die wir im Alltag jedoch meist verdrängen.

- Wenn wir uns mit anderen Menschen offen und ehrlich austauschen – auch über schwierige schmerzhafte Gefühle und Sorgen –, kann die Schwere in uns neuer Hoffnung und Verbundenheit weichen.

- Die Stunde der PragmatikerInnen: Statt zynisch den Weltuntergang zu akzeptieren, weiterzumachen wie bisher oder sich einzureden, dass schon alles gut werde, gilt es, alle Möglichkeiten, die wir Menschen jetzt noch haben, zu nutzen, die Ärmel hochzukrempeln und loszulegen.

- Um diese wichtige Aufgabe jedoch auf Dauer zu stemmen, ist es für unsere Gesundheit und unseren Seelenfrieden essenziell, eine gute Balance zwischen An- und Entspannung zu finden.

- Du sollst und darfst also – trotz eines echten Klimabewusstseins – weiterhin ein glückliches und erfülltes Leben führen und guten Gewissens alle Sorgen und Ängste soweit es dir möglich ist immer wieder loslassen, mit allen Sinnen lebendig sein und auf dich und deine Bedürfnisse achten.

- Wie wir am liebsten und am effektivsten loslassen, ist von Mensch zu Mensch verschieden. Daher experimentierst du in diesem Buch mit den unterschiedlichsten Arten der Entspannung und Selbstfürsorge.

Da Tanzen zu mitreißender Musik bei vielen Menschen schon nach 3–5 Minuten stark stressmindernd und stimmungsaufhellend wirkt, erhältst du für den Rest dieser Woche folgende Aufgabe:

Alltags-Hack:
Shake it off

Gönne dir täglich eine kurze, aber leidenschaftliche Tanzpause mit zwei Lieblingsliedern und gib alles!

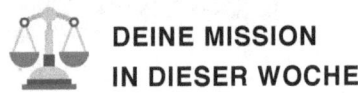

DEINE MISSION
IN DIESER WOCHE

Schüttele deinen Speck

Setze dir jetzt einen fünfminütigen Termin in deinen Kalender – egal, ob morgens, mittags oder abends, und freue dich schon jetzt auf dein kleines Tanz-Date mit dir selbst. Gehe bei deiner täglichen 5-Minuten-Tanz-Intervention genau so vor, wie bei der Übung »Dance your heart out!« beschrieben.

Und dann … schüttele alle Anspannung ab, spüre deine Bewegungen, deine Kraft und das Leben, das in dir pulsiert.

Wo immer der Tanzende mit dem Fuß auftritt,
da entspringt dem Staub ein Quell des Lebens.

(Dschalāl ad-Dīn Muhammad Rūmī,
genannt Rumi)

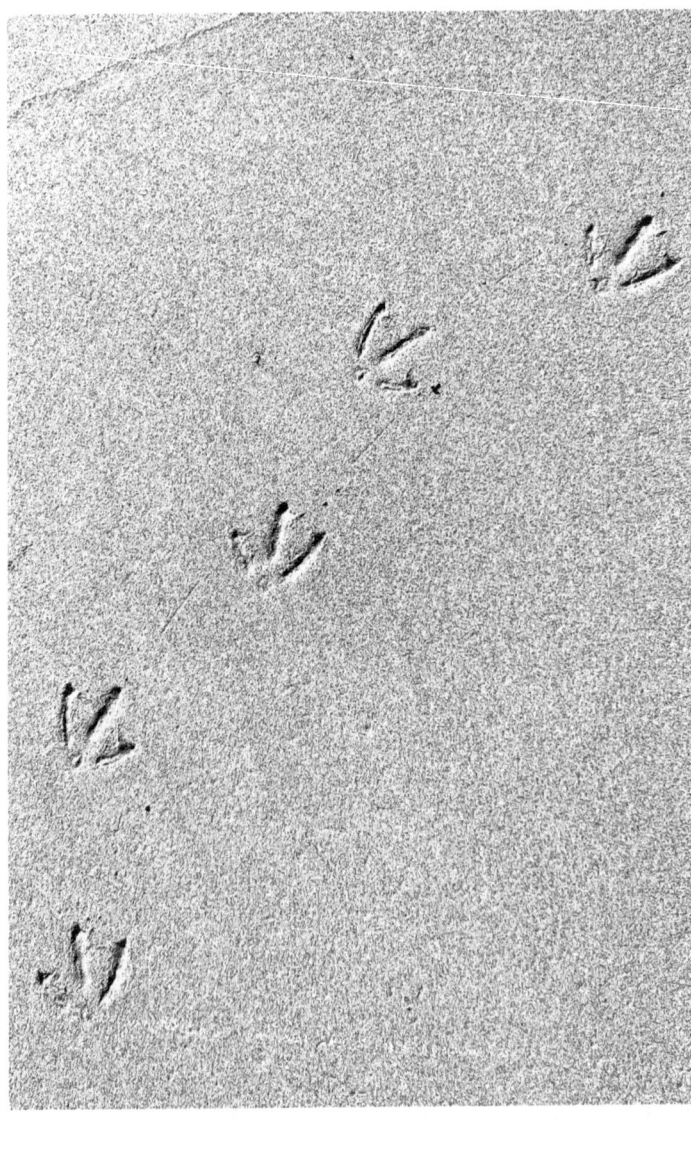

Woche 6

ACHTSAMKEIT TRIFFT KLIMA- FREUNDLICHEN LIFESTYLE

In der vergangenen Woche hast du bereits mit dem Tanzen als Anti-Stress-Methode experimentiert. Ich hoffe, dies hat dich nicht allzu viel Überwindung gekostet und dass du dir damit vielleicht ein weiteres Werkzeug zur effektiven Stressbewältigung erschließen konntest. Aber selbst wenn du festgestellt hast, dass du überhaupt nichts mit Tanzen am Hut hast und dir diese Bewegungsform so gar nichts gibt, ist auch das völlig in Ordnung.

Loslassen auf deine Art

Viele von uns verleben einen Großteil ihrer wachen Stunden in einem Zustand innerer Anspannung, befeuert durch diverse Reize, die ganz unterbewusst immer neue Ängste in uns schüren. Wie du bereits in den ersten Kapiteln erfahren hast, lässt allein unser moderner vernetzter Alltag mit seiner unablässigen Flut an Reizen und bedrohlichen Informationen unser Stresslevel langsam, aber sicher immer mehr ansteigen. Um ein gesundes und zufriedenes Leben führen zu können, ist es daher wesentlich, dass wir es uns zur Gewohnheit machen, uns mehrmals am Tag geistig und körperlich aufzulockern und Stressbelastungen durch echte Pausen auszugleichen. Vor 10 Minuten lag ich beispielsweise noch auf der Couch für ein kleines Nickerchen von 15 Minuten. Im Homeoffice setze ich alle Tage wieder auf kurze Powernaps – immer wenn ich merke, dass ich extrem müde werde und dadurch unkonzentriert bin. Danach fühle ich mich wieder frisch, entspannt und ich bin viel produktiver, als wenn ich mich erschöpft und müde durch den langen Tag schleppen würde. Natürlich ist mir klar, dass dieses Privileg nur Menschen besitzen, die im Homeoffice arbeiten und Einfluss darauf haben, wann und wie lange sie eine Pause einlegen. Falls du diese Möglichkeit besitzt und dich das Mittagstief überkommt, kannst du ja statt viel Kaffee und Süßkram zu dir zu nehmen, einfach mal ein Minuten-Nickerchen einlegen und herausfinden, wie viel Entspannung es dir beschert – und einen kleinen Kaffee mit Keks im Anschluss daran genießen. Herrlich.

Follow your Flow

Egal, was für dich und in deinem Alltag letztlich am besten funktioniert – ob Nickerchen, Atmen, Abdancen, ein Spaziergang durchs Grün, Lachen oder Kuscheln mit anderen oder einem geliebten Haustier, Hobbys von Häkeln bis Holzwerken, Sport oder ein lustiges Buch – das entscheidest allein du. Wichtig ist nur, dass du für dich klärst und praktisch austestest, was dir hilft, um die Anspannungen deines Alltags immer wieder auszugleichen. Und dass du alles daransetzt, dir diesen Raum der Selbstfürsorge, durch den dein Körper und dein Geist immer wieder in den Ruhezustand zurückfinden können, ohne schlechtes Gewissen zu nehmen und mit Leben zu füllen. Natürlich kann es immer wieder Phasen im Leben geben, in denen wir jede Energie und jede uns zur Verfügung stehende Minute nutzen müssen, um alles am Laufen zu halten, und unsere persönlichen Bedürfnisse vorübergehend nicht unsere Priorität darstellen. Und ja, es gibt viele Menschen, die jeden Tag kämpfen, um ihren Kopf über Wasser zu halten. Menschen, die es dadurch oft ungleich schwerer haben, sich selbst Zeit, Aufmerksamkeit und Mitgefühl zu schenken. Vielleicht befindest du dich ja auch gerade in einer Lebensphase, in der es dir unmöglich scheint, dir längere Auszeiten für dich allein zu nehmen oder gar Hobbys zu pflegen. Aber auch in diesem Fall lohnt es sich, selbst kleinste Zeitfenster für dich zu nutzen, um Anspannungen und Alltagsstress immer wieder loszulassen, dich selbst aufzufangen und für dich da zu sein.

Ich habe mir zum Beispiel vor Kurzem eine kleine gläserne Sanduhr mit türkisfarbenem Sand geschenkt, die genau fünf Minuten benötigt, um einmal durchzulaufen. Die Uhr steht nun auf meinem Schreibtisch, um mich daran zu erinnern, täglich Pausen zu machen. Seitdem versuche ich, jeden Tag eine kleine Kaffeepause mit Sanduhr auf meiner Fensterbank einzulegen. Mein 5-Minuten-Achtsamkeitsritual, in dem ich mich darin übe, nichts anderes zu tun, als tief durchzuatmen, meinen Kaffee zu genießen, den Blick über die morgendliche Szenerie vor meinem Fenster schweifen zu lassen und den Vögeln zu lauschen.

Welches 5-Minuten-Ritual würde dir wirklich guttun und deinen Alltag bereichern? Besitzt du ein kleines Objekt, das dich an dein neues Ritual erinnern könnte, welches du dir gut sichtbar irgendwo zur Erinnerung hinlegen kannst?

Durch die Lektüre der vorangegangenen Kapitel hast du dich mit der Kunst achtsamer Selbstfürsorge vertraut gemacht und dadurch die perfekte Basis für ein gesundes, nachhaltiges und klimafreundliches Engagement im Außen gelegt. Nun ist es Zeit, die Brücke zum zweiten Teil dieses Buches zu schlagen und die wichtigsten Facetten klimafreundlichen Lebens eingehender zu beleuchten. Ab Woche 7 wirst du tiefer in die Themen Konsum, Mode, Wohnen, Mobilität und Ernährung einsteigen und herausfinden, wie du in jedem dieser Bereiche elegante Entscheidungen triffst, die gut fürs Klima, deinen Geldbeutel und dich sind.

Politik und Wirtschaft in der Pflicht

Doch bevor wir uns darauf konzentrieren, was wir als Einzelne konkret in jedem einzelnen Lebensbereich tun können, ist es ratsam und äußerst erhellend, uns vorab einmal die nationalen Klimaaktivitäten genauer anzusehen. Warum das Ganze? Weil VertreterInnen aus Industrie und Politik immer wieder versuchen, den »Schwarzen Peter« uns Bürgerinnen und Bürgern zuzuschieben, indem sie betonen, wie wichtig die Verantwortung von Privatpersonen bei der Klimawende doch sei. Beleuchten wir jedoch einmal die Klimaemissionen einzelner Wirtschaftszweige, ergibt sich ein völlig anderes Bild: So verursachten im Jahr 2018 alleine die Sektoren Energie und Verkehr zusammen 53 Prozent des deutschen Treibhausgasausstoßes, während die Emissionen aus den Privathaushalten im Vergleich dazu nur läppische 9 Prozent betrugen.[54] Diese Zahlen zeigen, welch große Verantwortung Politik und Wirtschaft bei der Klimafrage besitzen und wie entscheidend es ist, unsere nationalen Klimaziele auch politisch und wirtschaftlich fest zu verankern, konsequent einzuhalten und transparent zu machen. Aber natürlich können wir als Einzelne – zum Beispiel durch unsere Konsumentscheidungen, die bewusste Wahl unserer Verkehrsmittel oder die Versorgung mit Ökostrom – auch Bereiche außerhalb unseres privaten Zuhauses positiv mitbeeinflussen und die Klimawende je nach unseren individuellen Möglichkeiten aktiv mitvorantreiben.

CO_2-Kompensation – Supersache oder Etikettenschwindel?

Innerhalb der vergangenen Jahre hat sich ein riesiger Markt für den freiwilligen Ausgleich von klimaschädlichen Treibhausgasen entwickelt. Doch diverse Investigativberichte (z. B. der deutschen Wochenzeitung Die Zeit[55]) ergaben, dass der Handel mit

---

[54] Allianz pro Schiene (2019), S. 1–3 (auf Basis von Daten des Umweltbundesamts von 2018).
[55] Zeit online (2023), o. S.

CO_2-Zertifikaten oftmals »grün getarnt« ist und die positive Wirkung auf das Klima oftmals viel geringer ausfällt als von den Anbietern derartiger Angebote angegeben.

Das Fazit: Treibhausgase sollten im ersten Schritt erst einmal verhindert oder zumindest möglichst stark reduziert werden. Wenn hier alle Möglichkeiten ausgeschöpft sind, können ergänzende Maßnahmen zum Ausgleich von Treibhausgasen, zum Beispiel durch das Pflanzen von Bäumen, durchaus sinnvoll sein. Ganz anders sieht es jedoch aus, wenn freiwillige CO_2-Kompensationen als eine Art moderner Ablasshandel missbraucht werden, um die klimaschädlichen Strukturen unserer derzeitigen Wirtschaft zu zementieren. Alles in allem also bestenfalls ein hilfreicher Ansatz, jedoch leider kein Allheilmittel.

Die Zügel in die Hand nehmen

Sobald wir im Alltag mit anderen über das Klima sprechen, wird als Totschlagargument immer wieder aufgeführt, dass die wahre Verantwortung ja bei Ländern wie China liege, die schließlich weit höhere Emissionen verursachen als zum Beispiel

Deutschland. Und ja, tatsächlich war China 2021 weltweit die Nation mit dem höchsten Anteil an CO_2-Emissionen (rund 31 Prozent) weltweit.[56] Betrachten wir hingegen die Emissionen pro Kopf in China und Deutschland im selben Jahr, liegt China sogar noch unter dem Pro-Kopf-Ausstoß Deutschlands.[57] Dass China so hohe nationale Emissionen besitzt, liegt unter anderem daran, dass dort ein Großteil unserer Konsumprodukte hergestellt wird, die jedoch nur in der CO_2-Bilanz des Produktionslandes auftauchen, selbst wenn die Waren ausschließlich für den Export produziert werden. Kein Grund also, mit dem Finger auf andere Nationen zu zeigen und alle Klimaverantwortung von sich zu weisen. Im EU-Ländervergleich hat Deutschland sogar mit großem Abstand die meisten Treibhausgasemissionen verursacht. Laut einer Studie der Europäischen Umweltagentur EEA ist Deutschland 2020 allein für 22 Prozent der EU-weiten Treibhausgasemissionen verantwortlich gewesen, während beispielsweise Österreich im selben Jahr nur ein Zehntel davon an Klimagasen ausgestoßen hat.[58]

---

[56] Statista (2024a), o. S.
[57] Statista (2024b), o. S.
[58] Umweltbundesamt (14.08.2023), o. S.

💡 GUT ZU WISSEN

Der Klimafußabdruck in Deutschland beträgt pro Kopf rund 11 Tonnen an Treibhausgasen jährlich – umgerechnet in sogenannte CO_2-Äquivalente (abgekürzt »CO_2e«).[59]

Der deutsche Pro-Kopf-Fußabdruck liegt damit mehr als 60 Prozent über dem Weltdurchschnitt und ist circa viermal so hoch wie der eines Menschen in Indien.

Klimaverträglich wäre hingegen ein Klimafußabdruck pro Kopf von unter 1 Tonne an Treibhausgasen jährlich weltweit.

Dies entspricht einer Minderung unseres aktuellen Fußabdrucks um 95 Prozent![60]

Diese Zahlen machen deutlich, welch große Anstrengungen uns als Menschheit bevorstehen und wie wichtig es ist, dass wir der Klimawende von nun an oberste Priorität einräumen.

Mit 84 Prozent ist die Verbrennung fossiler Brennstoffe in Deutschland die bedeutendste Quelle klimaschädlicher Treibhausgase.[61]

---

[59] Umweltbundesamt (31.01.2023), o. S.
[60] Umweltbundesamt (23.06.2021), o. S.
[61] Umweltbundesamt (11.04.2023), o. S.

Zu den zehn Unternehmen, die europaweit die meisten Klimagase verursachen, zählen allein sieben
Braunkohlekraftwerke auf deutschem Boden.[62]

Um die Ziele der Bundesregierung bis 2030 zu
erreichen, müssen nun pro Jahr sechs Prozent
Emissionen gemindert werden. Seit 2010 waren
es im Schnitt nicht einmal zwei Prozent. (…)
Wir können uns diese fatale Abhängigkeit von
fossilen Energieträgern schlicht nicht leisten.
(…) Die Dekarbonisierung muss alle Bereiche
umfassen – von der Industrieproduktion über
den Gebäudebereich bis hin zur Mobilität und
der Landwirtschaft. Und wir müssen die soziale
Balance wahren; der Abbau klimaschädlicher
Subventionen kann hier wichtige Gelder freisetzen,
die wir dafür sinnvoll einsetzen können.[63]

(Umweltbundesamt-Präsident Dirk Messner)

---

[62] Fox (08.04.2022), o. S.
[63] Umweltbundesamt (15.03.2023), o. S.

Das Fazit: Es gilt, ab jetzt zu handeln und mit gutem Beispiel auf persönlicher, regionaler und nationaler Ebene voranzugehen, uns zusammenzuschließen und voneinander zu lernen.

 ## 1,5-Grad-Lifestyles[64]

In den kommenden Wochen werden wir uns die Bereiche unseres Alltags vornehmen, die in Bezug auf das Klima am deutlichsten zu Buche schlagen. Ganze 72 Prozent der globalen Emissionen könnten mit unserem Lebensstil und unserem Konsum in Verbindung stehen.[65] Die verschiedenen Teilbereiche, aus denen sich unser individueller Klimafußabdruck zusammensetzt, sind zu

- 31 Prozent Konsum (außer Ernährung),
- 25 Prozent Wohnen,
- 20 Prozent Mobilität,
- 16 Prozent Ernährung,

---

[64] »1,5 Grad Lifestyles« geht zurück auf die internationale Studie »1.5-Degree Lifestyles: Targets and Options for Reducing Lifestyle Carbon Footprints« (2019) im Auftrag des Institute for Global Environmental Strategies.
[65] Peters, Hertwich (2008), S. 1401–1407.

- 8 Prozent öffentliche Infrastruktur.[66]

In den kommenden Wochen werden wir daher jeden dieser großen Lebensbereiche (Konsum, Wohnen, Mobilität und Ernährung) näher beleuchten und klären, welche Alltagstipps das größte Potenzial besitzen, um deine persönliche Klimabilanz elegant und unkompliziert zu minimieren.

Drei Arten, deinen klimatischen Fußabdruck zu verringern

Wollen wir die Emissionen, die wir durch unseren persönlichen Lebensstil zum Klimawandel beitragen, reduzieren, so bieten sich uns prinzipiell drei Möglichkeiten:

1. **Absolute Reduktion**: z. B. Arbeitswege durch Homeoffice-Tage und Onlinemeetings verringern.
2. **Effizienz steigern**: z. B. einen Topfdeckel beim Kochen verwenden und so Wärmeverluste reduzieren.

---

[66] Umweltbundesamt (31.01.2023), o. S.

3. Modal Shift: Weniger Klimagase ausstoßen, indem wir die **Art und Weise**, etwas zu tun oder zu nutzen, verändern, z. B. uns bei kurzen Strecken öfter fürs Rad statt fürs Auto entscheiden.

Daneben gibt es noch den sogenannten **Rebound-Effekt**, den wir im Hinterkopf haben sollten, wenn wir unsere persönliche Klimabilanz in den kommenden Wochen effektiv verbessern und vermeiden möchten, dass unsere Bemühungen trotz allen Engagements letztlich im Sande verlaufen. Der Rebound-Effekt bezeichnet das Phänomen, dass Menschen versuchen, an der einen Stelle klimabewusster zu handeln, aber diese Einsparungen an anderer Stelle wieder komplett verpuffen.

Zwei typische Beispiele:

- Ein Ehepaar kauft einen neuen, energieeffizienten Kühlschrank, lässt aber den alten Stromfresser im Keller stehen, um ihn für Getränke weiterhin zu nutzen. Dadurch lässt sich keine Energie einsparen – im Gegenteil, es entsteht sogar ein höherer Energieverbrauch als zuvor.

- Herr Müller fährt öfter mit dem Rad ins Büro statt mit seinem Auto. Er tut dadurch etwas für seine Fitness und spart Geld für Sprit und Parkgebühren ein – das er am Ende des Jahres in ein Flugticket reinvestiert für einen Wochenendtrip in eine europäische Großstadt. Das ist aus persönlicher Sicht zwar sicher ganz wunderbar – aus Klimaperspektive jedoch leider völlig unsinnig. Würde Herr Müller statt in das Flugticket jedoch in ein Ticket für den Zug oder den Fernbus investieren – oder einfach mit seinem Pkw in eine zwei, drei Stunden entfernte interessante Stadt kutschieren –, sähe seine Klimabilanz völlig anders aus.

Wollen wir unseren persönlichen Ausstoß also ernsthaft senken, ist es essenziell, immer auch das große Ganze im Blick zu behalten.

Wir sind viele

Du weißt bereits, wie essenziell es ist, die Klimaerwärmung auf 1,5 Grad zu begrenzen, wenn wir eine lebenswerte Zukunft für nachfolgende Generationen sicherstellen wollen. Um das zu erreichen, gilt ab heute, den umfassenden wirtschaftlichen Strukturwandel in den Bereichen Gesellschaft, Politik und Wirtschaft, der dazu notwendig ist, aktiv miteinzufordern und mitzutragen. Warum unser Lebensstil in dem Zusammenhang so wichtig ist? Weil es ein mächtiges Instrument sein kann, diesen Wandel endlich in der Mitte der Gesellschaft einzuläuten und spürbar zu machen. An den Wahlurnen können wir unsere persönlichen Werte nur alle paar Jahre unterstreichen. Haben wir die nötigen finanziellen Mittel, können wir unseren Werten jedoch schon jetzt durch bewusste Entscheidungen im Alltag Ausdruck verleihen und aktiv dazu beitragen, wirtschaftliche Strukturen von innen heraus zu transformieren. Und selbst mit überschaubarer finanzieller Freiheit können wir durch kleine Veränderungen in unserem Lebensstil einen wichtigen Beitrag zur Klimawende leisten.

Denn ehrlich: Glaubst du ernsthaft, die Politik und die Wirtschaft werden die umfassende und überlebenswichtige Klimawende irgendwann von sich aus einleiten, wenn wir einfach so weiterleben wie bisher und einer Minderheit von lauten Klimawandelleugnern weiterhin das Feld überlassen? Ganz sicher nicht.

Laut einer Umfrage von Statista und YouGov in Deutschland bestätigen ganze 73 Prozent der Befragten, dass ihnen der Klimawandel Sorgen bereite.[67] Einer großen Mehrheit der Deutschen ist also durchaus bewusst, dass der Klimawandel ein dringendes Problem ist. Auch wenn es sich oftmals so anfühlen mag – wir klimabewegten Menschen sind nicht allein in dieser Gesellschaft. Im Gegenteil: Wir sind viele. Wenn wir ab heute damit beginnen, kleine Dinge im Alltag anders zu machen und offener zu zeigen, dass uns die Zukunft junger Menschen am Herzen liegt, befinden wir uns bereits auf dem Weg in eine neue, lebenswertere Welt.

Die Menschen brauchen keine riesigen Autos.
Sie brauchen Bewunderung und Respekt. Sie
benötigen nicht ständig neue Kleider. Sie wollen
sich attraktiv fühlen und Spannung, Abwechslung
und Schönheit erleben. Die Menschen brauchen
keine elektronische Unterhaltung. Sie sehnen sich
nach etwas Interessantem, um ihren Verstand

---

67 Nier, Hedda (2019), o. S.

und ihre Emotionen zu beschäftigen. (…) Eine Gesellschaft, die sich erlaubt, ihre immateriellen menschlichen Bedürfnisse zuzugeben und zu artikulieren und immaterielle Wege für ihre Befriedigung zu finden, benötigt einen deutlich geringeren Einsatz an Material und Energie – und bietet zugleich ein viel höheres Maß an menschlicher Erfüllung.[68]

(Donella Meadows)

Die Devise: Mut zur Lücke

In Kürze wirst du selbst damit beginnen, mit den bunten Facetten eines klimafreundlichen Lebensstils zu experimentieren. Das Wichtigste dabei: Geh das Ganze spielerisch und geduldig an – ohne einen Anspruch auf Perfektion! Denn selbst wenn wir ab heute radikal alle persönlichen Treibhausgasemissionen einsparen würden – mit großen Einschnitten für unsere persönliche Lebensqualität –, leben wir momentan noch in einem

---

[68] Meadows, Randers, Behrens (2004), S. 87. Eigene Übersetzung.

System, das es uns praktisch unmöglich macht, klimaneutral zu leben. Es geht also nicht darum, dass du alle Verantwortung für das Klima von nun an auf deine eigenen Schultern hieven sollst und nach diesem Buch nie mehr in den Urlaub fliegen oder nur noch vegan essen darfst. Stattdessen sollen es dir die kommenden Kapitel leichter machen, die richtigen Prioritäten zu setzen. Das Beste daran: Wenn du sowieso schon damit beginnst, Neues auszuprobieren, kannst du die Veränderungen, die da kommen mögen, auch gleich nach deinen Bedürfnissen gestalten.

Der perfekte Moment also, tiefer in dich hineinzuhorchen und deinen ungelebten Bedürfnissen und Sehnsüchten einmal näher nachzuspüren.

# 5-MINUTEN-AUFGABE: DEINEN BEDÜRFNISSEN AUF DER SPUR

Nimm dir dein Notizbuch zur Hand, schlage die nächste freie Seite auf und schließe für einen Moment die Augen.

1. Reise zurück zu einem Moment in deinem Leben, in dem du dich zutiefst lebendig gefühlt hast.

2. Notiere diesen Moment als kurzen Satz in der Mitte deiner Seite.

3. Finde eine Handvoll Begriffe dafür, was du in diesem Moment in dir gespürt hast (z. B. Freiheit, Offenheit, Spaß, Abenteuer, Frieden, Leichtigkeit, Ausgelassenheit) und notiere die Begriffe um deinen Satz herum.

4. Ergänze dein kleines Brainstorming mit weiteren Erlebnissen, nach denen du dich aktuell sehnst (z. B. innige Gespräche mit anderen, Nähe, geistiger Austausch, Lachen, Naturerfahrungen, Bewegung).

5. Kreise zuletzt die drei Begriffe ein, nach denen dein Herz gerade am stärksten ruft.

Falls dir in nächster Zeit weitere Erlebnisse und Gefühle einfallen, die du ab heute stärker ausleben und in deinen Alltag einladen möchtest, ergänze die Seite in deinem Notizheft nach Belieben. Wenn du dich in den kommenden Wochen mit klimafreundlichen Alltagsentscheidungen befasst, kannst du diese Bedürfniswolke bei Bedarf immer wieder zur Hand nehmen und versuchen, kleine Veränderungen im Alltag vorzunehmen, die sowohl dem Klima als auch dir und deinen tieferen Bedürfnissen zugutekommen.

 Woche 6:

Die wichtigsten Erkenntnisse auf einen Blick

- Beim Thema Emissionen haben wir hierzulande keinen Grund, mit dem Finger auf andere Nationen zu zeigen und alle Klimaverantwortung von uns zu weisen.
- Die Verbrennung fossiler Brennstoffe ist bei uns mit großem Abstand die bedeutendste Quelle von Treibhausgasen.[69]
- Ganze 72 Prozent der globalen Klimaemissionen könnten mit unserem individuellen Lebensstil in Verbindung stehen.[70]

---

[69] Umweltbundesamt (11.04.2023), o. S.
[70] Peters, Hertwich (2008), S. 1401–1407.

- Wir sind viele: Einer großen Mehrheit der Deutschen ist klar, dass der Klimawandel ein dringendes Problem ist.

- Mut zur Lücke: Achtsamer und klimafreundlicher zu leben, bedeutet nicht, dass du dir von nun an alles versagen sollst, was dir Freude bringt. Statt alles gleichzeitig perfekt zu machen, kannst du versuchen, dich erst einmal nur auf die wichtigsten Maßnahmen zu konzentrieren, was unter dem Strich einen riesigen Effekt auf deine Klimabilanz entfalten kann.

 Alltags-Hack:
Ermittle deinen individuellen Klimafußabdruck

Die Berechnung von Treibhausgasemissionen ist in vielerlei Hinsicht noch immer ein recht vages Unterfangen, was auch auf unseren individuellen CO_2-Fußabdruck zutrifft. Trotzdem kann es überaus aufschlussreich sein, diesen einmal zu ermitteln. Warum? Weil uns dies – gerade zu Anfang unserer Reise durch die Facetten des achtsamen Lebens – einen hervorragenden Überblick über vielschichtige Klimafaktoren und Zusammenhänge liefern kann.

**DEINE MISSION
IN DIESER WOCHE**

Auf dem Weg zum 1,5-Grad-Lifestyle

Nutze in dieser Woche einen der vielen Onlinerechner, um deinen aktuellen Klimafußabdruck einmal grob zu kalkulieren.

Beispiele für CO_2-Rechner

- Der informative WWF-Klimarechner[71] ermittelt deinen persönlichen Klimafußabdruck in wenigen Minuten anhand von gezielten Fragen zu deinem Lebensstil.

- Der CO_2-Rechner des Umweltbundesamtes[72] liefert dir im Rahmen eines CO_2-Schnellchecks eine erste grobe Einschätzung, die du anschließend mit detaillierteren Infos zu allen Lebensbereichen ergänzen kannst.

---

[71] WWF Deutschland (o. J.), o. S.
[72] Umweltbundesamt (o. J.), CO_2-Rechner.

- Gibst du den Begriff »CO_2-Rechner« bei einer Suchmaschine deiner Wahl ein, findest du viele weitere Plattformen, auf denen du deinen persönlichen Klimafußdruck berechnen kannst.

Welchen du am Ende auch für dich nutzt – erledige deine Mission bis Ende dieser Woche und notiere dir das Ergebnis in dein Notizbuch. Viel Erfolg!

Win-win für Klima & Lebensglück

Wie du klimafreundlicher und zugleich erfüllter und zufriedener lebst? Indem du deinen Fußabdruck in den kommenden Wochen Schritt für Schritt reduzierst, dich dazu vorerst nur auf die wesentlichsten Klimafaktoren konzentrierst, während du zugleich deine tiefer liegenden Bedürfnisse stärker in den Blick nimmst und beginnst, sie im Alltag mit Leben zu füllen. Auf meinem persönlichen Weg hin zu einem bewussteren Leben inspiriert und motiviert mich immer wieder folgender Satz, den angeblich Paolo Coelho einmal gesagt haben soll: »Die Welt ändert sich durch dein Vorbild, nicht durch deine Meinung.«

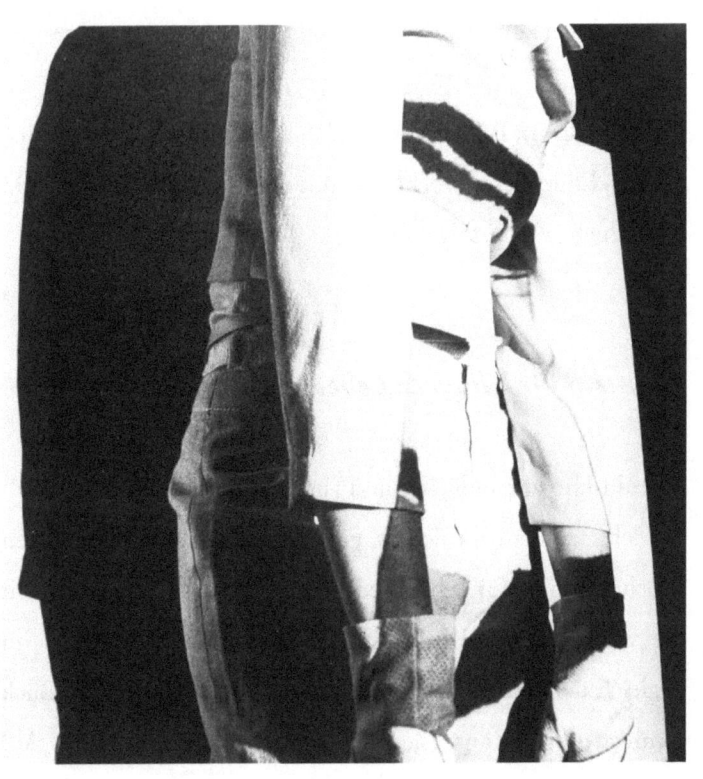

Woche 7

KONSUM –
WAS WIR KAUFEN
UND WARUM

In Woche 6 hast du deinen individuellen CO_2-Fußabdruck berechnet. Vielleicht sind dabei in dir unangenehme Gefühle aufgekommen. Es kann durchaus frustrierend sein, zu realisieren, wie ungünstig die eigene Klimabilanz ist – gerade wenn wir uns als umweltbewusste Menschen verstehen und uns im Alltag bereits bemühen, einen positiven Beitrag zu leisten. Umso wichtiger ist es, dass du bei den Punkten ansetzt, die deine Klimabilanz tatsächlich maßgeblich positiv beeinflussen, damit deine beherzten Bemühungen auch eine spürbare Wirkung entfalten können. Genau aus diesem Grund beschäftigen wir uns in dieser Woche mit dem Thema Konsum. Dieser Faktor unseres Alltags verursacht im Durchschnitt mehr Emissionen als alle anderen Bereiche unseres Lebens für sich genommen.

Konsum: Fakten & Zahlen

Betrachten wir also einmal ein paar Zahlen des Umweltbundesamts zum Thema Konsum.[73] Demnach entfällt der größte Bat-

---

[73] Umweltbundesamt (31.01.2023), o. S.

zen unseres Pro-Kopf-Klimafußabdrucks mit 31 Prozent (Stand: 2022) auf sonstigen Konsum. Dieser Lebensbereich umfasst die wunderbare Welt der Konsumgüter und damit all die schönen Dinge, die wir im Alltag kaufen: von Mode- und Drogerieartikeln über Möbel und Einrichtungsgegenstände, Papier- und Kunststoffwaren bis hin zu Elektronikartikeln.

Die Top 3 der Dinge, die wir in diesem Lebensbereich am exzessivsten konsumieren, sind:[74]

1. <u>Textilien und Schuhe:</u> 30 Prozent unserer jährlichen Konsumausgaben,
2. <u>Möbel:</u> 20 Prozent unserer jährlichen Konsumausgaben,
3. <u>Elektronikartikel:</u> 11 Prozent unserer jährlichen Konsumausgaben.

Neben den oben genannten Produktgruppen gibt es natürlich noch weitere Dinge, die wir konsumieren – zum Beispiel unser Essen und Trinken, das wir in den kommenden Wochenkapiteln jedoch gesondert betrachten werden.

---

[74] Jungmichel, Nill, Wick (2021), S. 32, Abbildung 16.

Viele der typischen Konsumartikel, die wir im Alltag kaufen und benutzen, werden importiert. Selbst Produkte, die hierzulande gefertigt werden, verfügen meist über vorgelagerte Lieferketten und werden aus Materialien oder Einzelteilen hergestellt, die aus dem Ausland stammen. Betrachten wir einmal die Klimakosten unserer liebsten Konsumprodukte, fällt auf, dass oft nur ein Bruchteil der Emissionen den Ländern angerechnet wird, die diese Produkte kaufen. Der Großteil der Klimakosten geht stattdessen auf das Konto der Herstellungsländer – selbst wenn die Produkte ausschließlich für den Export in wohlhabende, kaufwillige Nationen fabriziert werden. Mit anderen Worten: Wir haben hierzulande nicht nur die Produktion sämtlicher Konsumartikel outgesourct, sondern auch gleich noch deren Klimakosten – wie praktisch.

Die AutorInnen der Kurzstudie zur globalen Umweltinanspruchnahme unseres privaten Konsums für das Umweltbundesamt bringen es auf den Punkt: »Die Emissionen, die in den Produktionsländern weltweit entstehen, sind um ein Vielfaches höher als in Deutschland, bei Textilien um den Faktor 6, bei Kunststoffartikeln, wie sie z. B. in Elektronikartikeln eingesetzt werden, sogar um den Faktor 9. Unsere Schuhe,

Kleidungstextilien und Heimtextilien (…) sind das Konsumgut mit dem insgesamt höchsten Umweltfußabdruck, sowohl bei den Treibhausgasemissionen als auch beim Ausstoß von Luftschadstoffen und beim Wasserverbrauch.«[75]

Wenn wir also das nächste Mal ein interessantes und vermeintlich »günstiges« Schnäppchen in den Händen halten, wissen wir nun, dass jedes einzelne neue Teil mit immensen Klimakosten rund um den Globus einhergeht – auch wenn wir selbst für das Stück vielleicht nur wenige Euro berappen müssen.

Zwischen Kaufrausch und Konsumfrust

Im Jahr 2022 haben deutsche Bürgerinnen und Bürger rund 78 Milliarden Euro für Kleidung und Schuhe ausgegeben[76] – so viel wie nie zuvor. Durchschnittlich ein Drittel unseres Budgets für sonstige Konsumausgaben investieren wir in Klamotten, Schuhe und Haushaltstextilien.

[75] Jungmichel, Nill, Wick (2021), S. 33.
[76] Statista (2023), o. S.

Warum wir immer mehr Klamotten und Schuhe kaufen? Weil viele Menschen Shopping einfach lieben und genießen. Während wir uns früher viel stärker daran orientiert haben, was wir tatsächlich benötigt haben, hat sich unser Konsum in den vergangenen Jahrzehnten zunehmend von unserem Bedarf losgelöst und sich zu einem vermeintlich identitätsstiftenden Hobby entwickelt. Der Motor für dieses Phänomen: Die vergleichsweise niedrigen Preise von Modeartikeln und Konsumgütern (möglich gemacht durch industrielle Massenfertigung und die finanzielle Ausbeutung der Menschen, die diese Produkte unter schwierigsten Bedingungen herstellen – ohne dafür einen existenzsichernden Lohn zu erhalten).

Nichtsdestotrotz haben wir uns daran gewöhnt, regelmäßig der Kauflust und dem euphorischen Gefühl zu frönen, in das uns Shopping immer wieder versetzt. Auch wenn Studien längst bewiesen haben, dass diese Hochgefühle schon beim Bezahlen ihren Höhepunkt erreichen, um danach schnell abzuflachen und oft für immer zu verschwinden. Das erklärt, weshalb uns viele unserer neu erworbenen Schätze schon nach kürzester Zeit kaum mehr berühren – geschweige denn bereichern.

Das Bummelsyndrom

Auch ich genieße es sehr, mit meiner Tochter bummeln zu gehen und notwendige Besorgungen zum Anlass zu nehmen, um sich fein herauszuputzen, an einem sonnigen Tag durch unser gemütliches Städtchen zu flanieren und uns gemeinsam ein wenig treiben zu lassen. Gerade nach den Lockdowns der Corona-Jahre weiß ich umso mehr zu schätzen, dass wir anderen Menschen in der Fußgängerzone und im Laden wieder ohne Angst und Abstand begegnen können. Während ich beim Thema Mode heute sehr besonnen vorgehe und Impulskäufen nur noch sehr selten anheimfalle, bin ich für Artikel im Bereich Inneneinrichtung und Dekoration deutlich gefährdeter. Oft fühle ich mich zu Hause überfordert von zu viel Kram, der sich irgendwo beginnt aufzutürmen. Da Aussortieren jedoch Zeit benötigt, erwische ich mich immer wieder mit neuen »Ordnungshelfern« wie hübschen, farbig abgestimmten Kartons, Körbchen und Co., in der Hoffnung, dass die optische Klarheit und Ruhe doch nun endlich in meinem Zuhause Einzug halten möge. Das Ergebnis: ein Berg an Krimskrams, der immer noch darauf wartet, doch nun endlich (!) durchsortiert zu werden, und daneben die neuen Ordnungshelfer, die mich vorwurfsvoll anstarren. So wächst der Berg an Dingen, die wir in unseren vier Wänden ansammeln, scheinbar wie von selbst immer weiter. 10 000 Dinge besitzen wir heute angeblich im Durchschnitt. Kein Wunder, dass wir zunehmend unter Stuffocation leiden – dem Gefühl der Überforderung durch zu viel materiellen Kram, der unser inneres Stresslevel nachweislich erhöht. Joseph Ferrari, Psychologe und Professor an der Universität von Chicago, forscht über den Zusammenhang zwischen materiellen Besitztümern und mentaler Gesundheit. Das Ergebnis seiner Studie, die er gemeinsam mit Patel und Graupmann geführt hat:[77]

Dauerstress durch zu viel Kram

- Je mehr wir anhäufen, desto gestresster fühlen wir uns in unserem Zuhause – oftmals, ohne dass wir dies bewusst als Stressquelle identifizieren.
- Je älter wir werden, desto mehr stresst uns unser Kram.
- Zu viel Kram in unserer Wohnung wirkt sich negativ auf unsere mentale Gesundheit aus: Wir fühlen uns unzufriedener, niedergeschlagener, ineffektiver und am Ende eines Tages müder und ausgebrannter.

[77] Patel, Graupmann, Ferrari (2023), S. 2061.

Genau aus diesem Grund ist es wichtig, wieder das Ruder in die Hand zu nehmen und uns die Kontrolle über den Kram in unserem Zuhause zurückzuholen.

Die zwei goldenen Strategien dafür sind:

1. **Den Strom an Dingen zu verlangsamen,** der still und leise in deine heiligen vier Wände kriecht.
2. **Großzügig loszulassen,** was dich beschwert, um Raum zu schaffen für alles, was dich im Alltag wirklich bereichert und dir Freude bereitet.

Der Clou: Setzt du direkt bei Strategie Nummer 1 an und kaufst weniger unnötigen Kram, musst du ihn später nicht nervenaufreibend wieder aussortieren (Strategie Nummer 2). Darüber hinaus sparst du auf diese Weise gutes Geld, vermeidest unnötige Klimabelastungen und tust deiner mentalen Gesundheit aus den oben genannten Gründen einen großen Gefallen. Die Strategien lassen sich darüber hinaus auch hervorragend auf andere Lebensbereiche übertragen: So lohnt es sich, den Begriff Konsum einmal etwas weiter zu spannen. Ist dir zum Beispiel bewusst, welche Reize, Bilder, Informationen und Werbebotschaften du dir im Alltag einverleibst und welche Gedanken, Gefühle und Handlungen sie in dir auslösen? All die Informationen und Inhalte, mit denen wir minütlich bombardiert werden, pflanzen neue Konsumwünsche in unser Unterbewusstsein ein und beschleunigen unser Hamsterrad immer weiter. Apropos pflanzen ...

Die richtigen Samen wässern

Laut der buddhistischen Psychologie sind all unsere Gefühle wie Ärger, Wut, Traurigkeit, Hoffnungslosigkeit, Gehetztheit, Leichtigkeit, Lebendigkeit, Mitgefühl, Dankbarkeit und so weiter als Samen in den tieferen Schichten unseres Bewusstseins wie in einem Garten angelegt. Wir selbst sind die Gärtnerinnen und Gärtner unserer Seelenparzelle. Und allein unsere Aufmerksamkeit entscheidet, welchen Samen wir Energie schenken und sie dadurch gießen, wachsen und wuchern lassen. Durch den unbedachten Konsum irgendwelcher Inhalte nähren wir oftmals die Gedanken und Emotionen in uns, die unsere Samen der Angst, Wut, Traurigkeit, Verzweiflung usw. in uns stärken und wachsen lassen und Stress in uns erzeugen. Die gute Nachricht: Dieses

Prinzip kannst du natürlich auch umdrehen und bewusst für dich nutzen.

 **MINI-AUFGABE: MEIN INNERER GARTEN 2.0**

Schlage die nächste Seite deines Notizbuchs auf und beantworte die folgenden zwei Fragen:

1. Welchen schmerzhaften Samen habe ich in letzter Zeit zu oft gegossen, dem ich ab heute weniger Aufmerksamkeit schenken möchte?

2. Welchen positiven Samen in mir möchte ich stattdessen zum Blühen bringen? Durch welches kleine Ritual oder welchen Gedanken kann ich das in meinem Alltag tun?

Das Glück deines Lebens hängt von der Beschaffenheit deiner Gedanken ab. Betrachte einmal die Dinge von einer anderen Seite, als du sie bisher sahst, denn das heißt, ein neues Leben zu beginnen.

Suche von den Dingen, die du hast, die
besten aus und bedenke dann, wie eifrig du
nach ihnen gesucht haben würdest, wenn
du sie nicht hättest.[78]

(Mark Aurel)

Die Flut der Dinge

Seitdem ich Mutter geworden bin, habe ich das Gefühl, pausenlos am Aussortieren und Weitergeben von Gegenständen zu sein – und mich trotzdem einer Flut an Dingen gegenüberzusehen, die mehr und mehr anzusteigen scheint. In seinem nachdenklich stimmenden Buch »Nachruf auf mich selbst« von 2021 verweist der Soziologe und Autor Harald Welzer auf eine Studie israelischer Forscher aus dem Jahr 2020, die das Ausmaß unserer exzessiven Konsumkultur eindrücklich illustriert.

---

[78] Aurel (2020), o. S.

Lebendig begraben:

- Die Masse menschengemachter Dinge verdoppelt sich circa alle 20 Jahre.
- Pro ErdenbewohnerIn entsteht jede Woche ein neuer Berg menschlichen Krams, der mehr wiegt als wir selbst.
- 2020 überstieg der Berg menschengemachter Dinge erstmals das Gesamtgewicht aller Lebensformen der Erde von 1,1 Teratonnen.[79]

Der Zweck der Wirtschaft ist es, Energie und endliche Ressourcen umzuwandeln in Zeug.[80]

(Lloyd Alter)

---

[79] Elhacham et al. (2020), S. 442–444.
[80] Alter (2021), S. 107, eigene Übersetzung aus dem Englischen.

Was ist die Ursache für diese endlose und immer schneller kreisende Konsumspirale, die mehr und mehr wertvolle und endliche Ressourcen in leblose Berge aus Kram verwandelt? Die fortwährende Jagd nach immer neuen Wünschen, Sehnsüchten und Statussymbolen, der wir bereitwillig einen Großteil unserer Aufmerksamkeit und unseres Geldes widmen? Angesichts schwerer Existenznöte während des Zweiten Weltkriegs und danach sehnten sich viele Menschen in Europa völlig zu Recht nach finanzieller Sicherheit und materiellem Reichtum. Viele handfeste Dinge zu besitzen und anzusammeln, von Haushalts- und Elektrogeräten bis hin zum Auto, wurde damit zum Inbegriff persönlichen Glücks.

Kumulative Kultur

Das Wort »cumulare« (lateinisch für »anhäufen«) beschreibt hervorragend unsere menschliche Angewohnheit, mit der Zeit und über mehrere Generationen hinweg immer mehr und immer weiter entwickelte Dinge anzusammeln. Die Menschen besitzen die einzigartige Fähigkeit, soziokulturelle Errungenschaften an ihre Nachkommen weiterzugeben … Dank diesem müssen unsere Kinder das Rad, die Sprache oder das Internet nicht immer wieder neu erfinden und bauen stattdessen auf den Erfindungen vorheriger Generationen auf.[81]

⚖ AUFGABE: SELBSTFÜRSORGE TRIFFT ACHTSAMEN KONSUM

Greife dir dein Notizbuch und nimm dir ein paar Minuten Zeit zum Reflektieren:

1. Grob geschätzt – wie viel Prozent der Dinge, die du in einem Jahr anschaffst, bereichern dich im Alltag tatsächlich?

2. In welchen Situationen kaufst du Dinge, die du gar nicht brauchst und letztlich nicht benutzt?

3. Welches Bedürfnis könnte dahinterstehen?

4. Gibt es Wege, dieses Bedürfnis zu stillen, die dich langfristig mehr erfüllen könnten und zugleich Geldbeutel und Klima schonen?

5. Fühlst du dich zu Hause gestresst durch zu viel Zeugs?

6. Wie viele Dinge schaffst du im Schnitt an und wie viele lässt du los (wöchentlich/monatlich/jährlich)?

---

[81] Tennie (2009), o. S.

7. Wie könntest du dein krambedingtes Stresslevel am elegantesten reduzieren (z. B. weniger Zeug anschaffen, mehr loslassen oder beides; Shopping-Diät für bestimmte Produktarten; Wunschliste anlegen, um Impulskäufen vorzubeugen; Aussortier- oder Flohmarktaktionen, Minimalismus-Challenges zusammen mit FreundInnen)?

_____

_____

 TIPP

Falls du unter Stuffocation leidest: Mache erst mal Pause mit Neuanschaffungen, investiere lieber in Erlebnisse und befreie dich von zu viel materiellem Ballast.

Zu wenig Zeit und Energie für große Aussortieraktionen? Dann nutze die Kraft der Mini-Routinen: Stelle dir einen Korb in die Wohnung, in den du täglich mindestens ein Teil aussortierst.

Immer wenn du am Tag 10 Minuten aufbringen kannst, nimm dir eine Schublade oder kleine Kiste vor und sortiere für 5 Minuten aus. In den 5 Minuten danach verräumst du die Reste wieder und entsorgst den Müll.

Ab und zu kannst du deinen Korb sichten und weitersortieren, z. B. in ein paar entsprechende Tüten oder Kisten auf dem Dachboden oder im Keller zu den Kategorien »Verschenken«, »Spende« oder »Verkaufen«.

Vorsicht: Pass auf, dass du dich beim Verkaufen nicht verzettelst, und lege vorab einen Mindestwert fest (z. B. 20 €), ab dem es sich für dich vom Aufwand her WIRKLICH lohnt, alten Kram zu verkaufen.

Nicht nur aus psychologischer Perspektive, auch mit Blick auf die Klimakrise lohnt es sich, unseren Konsum, unsere Ideale und Statussymbole einmal ernsthaft und ehrlich zu hinterfragen.

Muss das wirklich sein? Ja, definitiv. Warum? Darum:

Je höher unser Einkommen, desto größer unser Klimafußabdruck.

Aber wie erklärt sich dieser Zusammenhang? Weil finanziell besser gestellte Menschen im Durchschnitt wesentlich mehr konsumieren, häufiger in der Weltgeschichte umherjetten, es sich in schicken Hotels gemütlich machen, mehr Fahrzeuge besitzen und in größeren Wohnungen oder Häusern leben. Dadurch tragen vermögende Menschen aus Klimasicht weit mehr Verantwortung und haben zugleich viel mehr Möglichkeiten, Dinge anders zu machen, den positiven Wandel zu beschleunigen und mutig neue Wege zu beschreiten.

Was bedeuten echter Erfolg, echter Reichtum und tiefe Freiheit für dich persönlich? Astrid Lindgren soll einmal gesagt haben: »Freiheit bedeutet, dass man nicht unbedingt alles so machen muss wie andere Menschen.«[82]

Mein Haus, mein Auto, mein Boot

Traditionelle Statussymbole sowie der typische Lebensstil, den wir gemeinhin mit Erfolg und Reichtum verbinden – und den viele von uns ganz automatisch anstreben –, sind leider vielfach mit höchsten Emissionen verbunden. Wollen wir Menschen die Klimakrise ernsthaft wuppen, kommen wir nicht darum herum, unsere geliebten Ideale und Lebensweisen einmal ehrlich zu hinterfragen und gleichzeitig zu beleuchten, was uns wirklich glücklich macht. Natürlich ist klar, dass uns ein gewisses Maß an finanzieller Sicherheit guttut, denn Geldsorgen können

---

[82] Hoffmann (2017), o. S.

definitiv unglücklich machen und einen großen Stressfaktor darstellen. Eine US-amerikanische Studie aus dem Jahr 2010 von
Nobelpreisträger Daniel Kahneman und Angus Deaton zeigte,
dass ein Jahreseinkommen bis 75 000 US-Dollar die befragten
BürgerInnen glücklicher und zufriedener machte. Oberhalb dieser Einkommensgrenze konnten sie ein Mehr an Glück jedoch
nicht mehr nachweisen.[83] Die vielfältigen Krisen und die gestie-
genen Lebenshaltungskosten der vergangenen Jahre haben diese
unsichtbare Grenze sicherlich nach oben verlagert. Zudem ist
fraglich, ob man Ergebnisse aus den USA einfach auf Deutschland oder andere Länder übertragen kann. Und auch persönliche Faktoren spielen in unser Bedürfnis nach finanzieller und
materieller Sicherheit hinein. Im Grunde steht dahinter unsere
Sehnsucht nach Sicherheit und Selbstwirksamkeit – das beru-
higende Gefühl, unser Leben unter Kontrolle zu haben und es
aktiv gestalten zu können. Doch selbst mit beschränkten finanziellen Mitteln können wir Selbstwirksamkeit erfahren. Zum
Beispiel durch kleine Routinen, durch Sport, durchs Aussortieren oder indem wir alltägliche Probleme achtsam beleuchten
und uns fragen, was wir aus einer schwierigen Situation für unser

---

[83] Kahneman, Deaton (2010).

weiteres Leben lernen und wozu uns diese Erfahrung befähigen könnte. Darüber hinaus entpuppt sich die Vorstellung, wir würden durch mehr Geld über absolute Sicherheit und Kontrolle verfügen, nämlich als Illusion. Erst wenn wir beginnen, unser Leben in seiner Fragilität und in seiner permanenten Veränderung anzunehmen, entdecken wir all die zarten alltäglichen Wunder, die ihm innewohnen und die es mit jedem flüchtigen Moment des Glücks mit allen Sinnen zu erfahren gilt.

Glück allein macht keinen Sinn

In einer Studie von Shigehiro Oishi und Ed Diener von der University of Virginia (2014), basierend auf umfassenden Daten des Gallup-Instituts, wurden 140 000 Menschen aus 132 Ländern zu ihrer Lebenszufriedenheit befragt. Die Ergebnisse offenbarten verblüffende Zusammenhänge: So erlebten sich Menschen in wohlhabenderen Ländern (z. B. Skandinavien) zwar als deutlich glücklicher als Menschen aus ärmeren Regionen der Welt (beispielsweise in südlichen Ländern Afrikas). In Bezug auf die Frage nach der Sinnhaftigkeit des eigenen Lebens kehrte sich dieses Bild jedoch komplett um: Die Menschen in ärmeren Ländern erlebten ihren Alltag im Durchschnitt weit häufiger als sinnhaft. Und je höher das subjektive Niveau des gefühlten Lebenssinns, desto niedriger waren die regionalen Suizidraten. Auf die Frage, wie glücklich sie sich einschätzten, nannten Menschen in reicheren Ländern zwar im Durchschnitt höhere Werte – nahmen ihr Leben jedoch gleichzeitig als weniger »sinnhaft« wahr. Zudem litten sie häufiger unter Gefühlen der Einsamkeit sowie unter einer Depression.[84] Und genau dann, wenn wir uns traurig, leer und deprimiert fühlen, sind wir besonders anfällig für Impulskäufe. Sie sind die bunten Pflaster, die wir versuchen, über die Leere und die Wunden in uns zu kleben. Ein rascher Dopaminkick, der schnell kommt und meist genauso schnell wieder vergeht und letztlich keines der Löcher in unserem Herzen zu füllen vermag.

Wie kann es möglich sein, dass so viele Menschen sich selbst als vergleichsweise »glücklich« definieren und sich trotzdem so leer und unzufrieden fühlen? Weil wir ein glückliches Leben in unserer Kultur eng mit materiellem Reichtum und mit beruflichem Erfolg verbinden. So gibt es viele Menschen, die einen guten Job haben, über ein sicheres Einkommen verfügen und viele

---

[84] Oishi, Diener (2014), S. 422–430.

materielle Schätze ihr Eigen nennen. Dadurch folgern sie, dass sie ein relativ »glückliches« Leben führen. Während sie gleichzeitig eine wachsende innere Leere in sich tragen, sich irgendwie abgeschnitten fühlen vom Leben und innerlich taub. Es sind Menschen, die nach außen hin ein erfolgreiches Leben führen und sich gleichzeitig fragen, ob das wirklich alles gewesen sein soll.

Es ist Zeit, die beiden Begriffe »Glück« und »Sinn« einmal näher in Augenschein zu nehmen. Was verbindest du mit diesen beiden Worten und wie unterscheiden sie sich? Glück empfinden wir als einen Gemütszustand, der uns berauscht, erhebt, der jedoch normalerweise nicht von Dauer ist. So verblasst selbst ein Lottogewinn nach und nach, genau wie der anfängliche Rausch neuer Reichtümer, Anschaffungen, Erfolge oder Partner, und wir pendeln uns sukzessive wieder auf unserem individuellen Stimmungslevel ein. Dinge, Ziele oder Erlebnisse, die unserem Leben einen tieferen Sinn schenken, stehen hingegen auf einem völlig anderen Blatt. Erleben wir unser Leben als sinnvoll, erkennen wir eine Aufgabe in unserem Tun, die unserem Handeln einen Wert verleiht. Einen Wert, der über uns und unsere individuelle Gefühlsebene hinausreicht und uns mit anderen Menschen und der Welt verbindet.

Wir kaufen Dinge, die wir nicht brauchen,

von Geld, das wir nicht haben,

um Menschen zu beeindrucken, die wir nicht mögen.

(Tyler Durden im Film »Fight Club«)

Mythos Glück

Wie kann es uns also gelingen, ein erfüllteres Leben zu führen und uns gegen die innere Leere und Hoffnungslosigkeit zu wappnen – unter denen offenbar so viele Menschen hierzulande leiden? Und woran können und sollen wir uns dabei orientieren? Unser exponentielles Streben nach immer mehr materiellem Reichtum und persönlichem Glück ist ja offenbar nicht besonders zielführend. Im Jahr 2018 zeigte eine kanadische Studie, dass ein bewusstes Streben nach Glück sogar unglücklich machen kann. So litten die Befragten, die angaben, aktiv nach persönlichem Glück zu streben, häufiger und stärker unter dem Eindruck, nicht genug Zeit zu haben. Diese Zeit sei jedoch nötig, um sich in ihren ersehnten Zustand des Glücks zu versetzen. Durch diesen subjektiven Zeitmangel fühlten sie sich unglücklicher als Vergleichspersonen, die nicht aktiv nach persönlichem Glück strebten.[85]

Das Fazit: Vieles spricht dafür, unser Leben danach auszurichten, was uns auf lange Sicht sinnvoll und wichtig erscheint, statt flüchtigen Glücksmomenten und einem Berg materieller Reichtümer hinterherzujagen. Wenn du dich auf den Weg machst, herauszufinden, was dich wirklich bewegt und bereichert, dann hältst du einen Kompass von unschätzbarem Wert in deinen Händen. Den Blick auf den Horizont des Wesentlichen und Sinnhaften eingenordet bringen dich auch schwierige Phasen und das normale Auf und Ab des Lebens nicht so schnell aus der Ruhe und von deinem Weg ab. Denn du weißt, wofür du morgens aufstehst. In inniger Verbindung zu dir und deinem inneren Kompass gelingt es dir immer leichter, deine Schritte zu verlangsamen, immer wieder aus dem zermürbenden Hasten und Hetzen auszubrechen und voller Vertrauen und Neugierde deinen Lebensweg zu beschreiten. Und plötzlich entdeckst du mit jedem Schritt unzählige Blüten einfachen puren Glücks vor deinen Füßen. In einer duftenden Tasse Kaffee am Morgen,

---

[85] Aekyoung, Maglio (2018), 1337–1342.

der Wärme des klaren Wassers beim Duschen auf deiner Haut. Dem Lachen eines Kindes, das sein Gesicht erstrahlen lässt und sich ausbreitet, bis es die müden Züge der Erwachsenen erreicht und verwandelt.

Vier Säulen des Sinns

In ihrem Buch »Glück allein macht keinen Sinn« von 2018 geht Emily Esfahani Smith der Frage nach, warum sich heutzutage so viele Menschen leer und einsam fühlen. Die Ursache sieht sie in unserer modernen Lebensweise. Diese begünstige, dass wir manche tiefen menschlichen Grundbedürfnisse zunehmend aus den Augen verlieren. Momente tiefer Verbindung und Nähe. Augenblicke, in denen wir echte Lebendigkeit erfahren, in denen wir mit allen Sinnen präsent sind. In denen wir aufgehen in der Gemeinschaft, in der Natur, und uns eingebettet fühlen im großen Ganzen. Erfahrungen, die wir heute immer seltener erleben, die dadurch essenzieller werden und eine völlig andere Form des Reichtums darstellen.

Mit ihren vier Säulen eines erfüllten Lebens schenkt sie uns einen hilfreichen Kompass.

 Die 4 Säulen des Sinns (nach Emily Esfahani Smith)[86]

1. Sich zugehörig fühlen
2. Die eigene Bestimmung finden
3. Die Welt durch Geschichten verstehen
4. Sich als Teil eines größeren Ganzen erfahren

1. Sich zugehörig fühlen

Wir Menschen brauchen starke soziale Beziehungen und das Gefühl, anderen etwas zu bedeuten; den Austausch mit und die Nähe zu unseren Mitmenschen durch tiefe lebendige Gespräche. Viele Menschen fühlen sich einsam, da ihr Alltag alle Zeit und Kraft fordert und soziale Kontakte von Angesicht zu Angesicht immer mehr verschwinden. Wo und wem fühlst du dich zugehörig? Fühlst du dich ausreichend eingebunden? Oder sehnst du dich – wie so viele Menschen hierzulande – nach mehr Nähe, Kontakt und innigem Austausch mit anderen?

2. Die eigene Bestimmung finden

Unsere Bestimmung zu leben, kann uns motivieren, uns Halt und Haltung schenken sowie tiefe Zufriedenheit. Wie wir sie

---

86 Esfahani Smith (2018), S. 7 f.

finden? Indem wir unser WARUM im Leben in Worte fassen. Das, wofür es sich aus unserer Sicht zu leben lohnt und was uns im Innersten antreibt. Die Richtung weisen können uns persönliche Werte, Fähigkeiten und – ganz wichtig – Momente, in denen wir im Flow waren und immer noch sind. Eine verbreitete Bestimmung ist es, anderen helfen zu wollen. Bei der Suche nach deiner Bestimmung musst du dir nicht gleich die Weltrettung aufbürden und darfst auch im Kleinen in deinem Alltag ansetzen. So soll Gandhi einst einmal ganz pragmatisch formuliert haben: »Mein Leben ist sinnvoll, wenn ich meiner Bestimmung folge, anderen zu helfen.« Wenn wir unser tägliches Tun also als Chance betrachten, andere Menschen oder Lebewesen zu unterstützen, gewinnt unser Leben an Bedeutung. Selbst lästige Tätigkeiten können dann Sinn stiften, wenn sie im Einklang mit unserer Bestimmung stehen. Auch das Engagement für das Klima aus Mitgefühl für die Natur, andere Menschen und nachfolgende Generationen kann unserem Leben Sinn und Tiefe schenken.

3. Die Welt durch Geschichten verstehen

Aus allem, was wir erleben und erfahren, konstruieren wir die Geschichte unseres Lebens. Kommt es dir oftmals so vor, als ob sich die Welt gegen dich verschworen hat und dir das

Leben einen Knüppel nach dem anderen zwischen die Beine wirft? Dann ist es Zeit, dein Leben einmal neu zu betrachten und dich zur Protagonistin oder zum Protagonisten deiner Geschichte zu machen. Die zentralen Stationen und Menschen in deinem Leben noch einmal Revue passieren zu lassen, die Höhen und Tiefen, die Momente des größten Glücks und der größten Herausforderungen, das Wachsen und Heilen – und diese als elementare Stationen deiner persönlichen HeldInnenreise neu zu betrachten.

4. Sich als Teil eines größeren Ganzen erfahren

Egal, ob wir einem Konzert lauschen, selbst mit anderen musizieren, gemeinsam tanzen, singen, meditieren, das Meer oder ein Bergpanorama bewundern – es kann ungeheuer tröstlich sein, sich als Teil von etwas Größerem zu erleben. Die eigenen Sorgen schrumpfen auf ein angemessenes Maß, wir fühlen uns eingebunden, gehalten und präsent im Hier und Jetzt.

Am Ende dieser Woche wirst du die vier Säulen nutzen, um dich auf die Suche zu begeben nach einem erfüllteren Leben. Es wird also spannend.

Woche 7:

Die wichtigsten Erkenntnisse auf einen Blick:

- Take – Make – Waste: Egal, ob Textilien, Möbel oder Elektronikartikel: Die CO_2-Bilanz unseres Konsums ist beträchtlich, da vielfach fossile Quellen in die Herstellung und den Transport mit einfließen. Das Ergebnis: hohe Emissionen, die Übernutzung natürlicher Ressourcen und ein immenses Abfallproblem.

- Shopping flutet unser Hirn kurzzeitig mit Glücksgefühlen, die jedoch nach kürzester Zeit wieder abebben und meist für immer versiegen.

- Zu viel Kram erzeugt Dauerstress und belastet Seele und Gesundheit.

- Wollen wir aus diesem Teufelskreis aussteigen, können wir erstens den Strom neuer Dinge verlangsamen und uns zweitens von unnötigem materiellem Ballast befreien.

- Wollen wir ein erfüllteres Leben führen, gilt es, unseren Blick fürs Wesentliche zu kultivieren.

- Durch eine achtsame Haltung können wir selbstbestimmter entscheiden, welche Dinge es wirklich wert sind, dass wir sie in unsere Wohnung, in unser Leben und in unsere Gedanken einladen.

 Alltags-Hack:
Klimafreundlicher Konsum

Die Top 3 der effektivsten Strategien:

1. **Bedarfsgerechtes Konsumieren:** Kaufe nur noch Dinge, die du wirklich brauchst und die du regelmäßig benutzt, und setze so oft wie möglich auf Secondhand- und/oder nachhaltige Produkte.

2. **Hinterfrage deine Konsumwünsche:** Kaufe möglichst nicht sofort und schlafe über deine Wünsche. Frage dich ehrlich, ob dich das Stück auf lange Sicht wohl eher bereichern oder beschweren wird. Ist es so begehrenswert, dass du im Gegenzug ein anderes deiner Besitztümer dafür eintauschen würdest?

3. **Feiere, was du hast:** Lasse los, was dich beschwert, und umgib dich mit den schönsten deiner materiellen Schätze. Fokussiere dich auf das, was dir zur Verfügung steht, und erfreue dich daran. Schenke den Dingen in deinem Besitz ein langes glückliches Leben (durch liebevolle Pflege, Reparieren,

Verkaufen, Spenden oder Weitergeben an andere, um ein Stück möglichst lange im Kreislauf zu halten).

Die Vorteile achtsamen Konsums

- Dich zu ermächtigen, mit weniger unnötigem Kram ein erfüllteres reicheres Leben zu führen.
- Deine Energie, deine Lebenszeit und dein Geld möglichst effektiv für dich zu nutzen, um deine tiefer liegenden Bedürfnisse zu stillen.

Praktische Tipps & Tricks:

- Shop smarter: Investiere in bestmögliche Qualität und zeitloses Design. Indem du seltener zuschlägst und dein Budget weniger oft für impulsive Fehlkäufe verfeuerst, kannst du dir höherwertige Produkte leisten – am besten natürlich aus nachhaltiger und fairer Herstellung. Produkte, die du wirklich benötigst, regelmäßig verwendest und an denen du lange deine Freude hast.

- Preis-Leistungs-Tipp: Gerade hochwertige zeitlose Produkte bekommst du gebraucht zu viel günstigeren Preisen und schonst dabei die Umwelt.

- Wenn etwas kaputtgeht, repariere es oder lasse es reparieren. Mit jedem Jahr, in dem du ein Produkt länger nutzt, reduzierst du deinen Klimafußabdruck deutlich.

- Emanzipiere dich von künstlichen Kaufanreizen, neuen Trends und Must-haves: Höre auf, dein Geld, deinen Wohnraum, wertvolle Ressourcen und deine Lebenszeit für unnötigen Kram zu opfern, der dich mittelfristig nur beschwert statt beflügelt. Wenn dir etwas wirklich Freude bringt oder du tatsächlich etwas benötigst – gönne es dir! Aber lasse dir nicht mehr ungefragt Kaufanreize in dein

Hirn pflanzen, die deine Aufmerksamkeit vernebeln und dir einreden, diese eine Sache fehle dir zu deinem »Glück«.

- Nein, danke: Klebe ein Schildchen auf deinen Briefkasten und verzichte auf unnötige Werbung, melde dich von werblichen Newslettern ab und lies öfter ein tolles Buch statt Zeitschriften oder Social-Media-Feeds.

- Richte deinen Fokus nach innen und begib dich auf die Suche nach den Gefühlen und Erlebnissen, die du in deinen Alltag einladen möchtest.

- Statt dich zu fragen, was dir vermeintlich fehlt, und deinen Fokus nach dem immer neuen »heißen Shit« auszurichten, der seinen trendigen Mehrwert jedes Mal ganz schnell wieder verliert, verlagere deinen Fokus und kehre immer wieder zu dir und deinen vorhandenen Schätzen zurück:

  - Was und wie viel brauche ich für ein erfülltes und zufriedenes Leben?

  - Was steht mir zur Verfügung, wofür ich zutiefst dankbar bin?

  - Was würde ich gerne loslassen, um freier und unbeschwerter durchs Leben zu gehen?

  - Schlummern in mir Bedürfnisse, die stärker gelebt werden wollen?

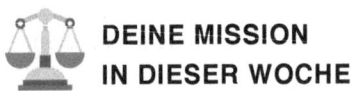

DEINE MISSION IN DIESER WOCHE

Deine 4 Säulen des Sinns

Kehren wir nun zurück zu den zuvor genannten Säulen eines erfüllten Lebens. Wie steht es um diese vier Säulen in deinem Leben? Gibt es eine oder auch mehrere, um die du dich in nächster Zeit intensiver kümmern möchtest? Säulen, die einer Renovierung bedürfen, von Spinnweben befreit werden sollten und mit bunten Mosaikkacheln aus neuen Momenten verziert werden wollen? Was könntest du heute konkret tun, um diese Bedürfnisse ab sofort mit Leben zu füllen und ihnen in deinem Alltag einen festen Platz zu schenken?

Nimm dir jetzt ein paar Minuten Zeit, um deine Antworten und Erkenntnisse in deinem Notizbuch festzuhalten, und leite bis zum Ende dieser Woche erste praktische Schritte ein.

Zum Abschluss dieser Woche hier die inspirierenden Worte der klimabewegten Psychologin und Speakerin Katharina van Bronswijk:

Echtes Glück erhalten wir nicht durch den Kauf eines neuen Telefons, einer goldenen Uhr oder eines schnelleren Autos. Vielleicht entdeckst du wahres Glück, indem du weniger konsumierst, mehr Zeit mit deinen Freunden verbringst, bedeutsame Gespräche führst und die Natur erlebst. In schwierigen Zeiten werden unsere Routinen unterbrochen. Und das eröffnet ein Fenster voller Möglichkeiten. Eine Chance für dein persönliches Wachstum – sofern du dich diesen Herausforderungen stellst. Wer möchtest du in diesen stürmischen Zeiten sein? Was soll dein Vermächtnis sein?[87]

(Katharina van Bronswijk)

---

[87] van Bronswijk (2021), Vortrag.

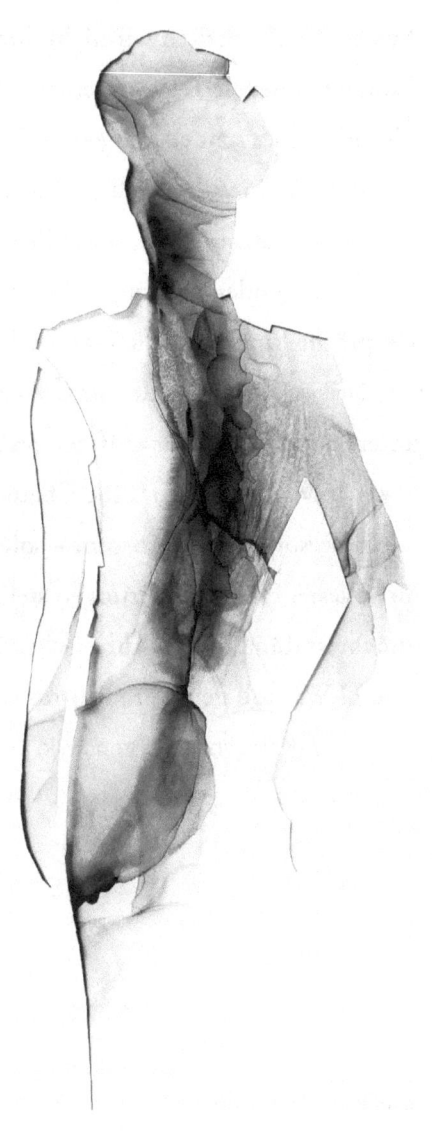

Woche 8

ACHTSAM ANZIEHEN

In den kommenden Tagen erfährst du, wie du maximalen Modespaß bei minimalem Klima-Impact erlebst und deine Kleiderschätze effektiver für dich nutzt.

Die Label-Masche

Flaniert man durch die Fußgängerzonen des Landes, gewinnt man den Eindruck, die Nachhaltigkeit sei längst in der Mode und unseren Kleiderschränken angekommen. Bei allen großen Modeketten begegnen uns dieser Tage riesige Schriftzüge mit blumigen Nachhaltigkeitsversprechen, Abbildungen strahlender Menschen, grüne, auf öko gestylte Hängeetiketten mit inspirierenden, nachhaltigen Werbebotschaften von »we care«, »sustainable«, »eco« bis »responsible«. Mehr als zehn Jahre ist es her, dass der marode Gebäudekomplex Rana Plaza in Bangladesch im April 2013 in sich zusammenstürzte und dabei 1 135 Textilarbeitende tötete. Ein guter Zeitpunkt, um bekannte Moderiesen einmal einem ehrlichen Nachhaltigkeitscheck zu unterziehen und herauszufinden, was sich seitdem getan hat. Im April 2023 veröffentlichte Greenpeace dazu einen ausführlichen Report und prüfte 14 firmeneigene Nachhaltigkeitslabels unterschiedlicher

Modeanbieter – mit miserablem Ergebnis: Ganze 11 von insgesamt 14 etablierten Modeanbietern fielen im Greenwashing-Check durch.[88]

> **Auch zehn Jahre nach Rana Plaza beutet die Fashion-Industrie weiterhin Menschen aus und zerstört die Umwelt. Mit Nachhaltigkeit auf einem Label zu werben, aber unter katastrophalen Arbeitsbedingungen immer mehr Plastik-Wegwerftextilien zu produzieren, ist Greenwashing.[89]**
>
> (Viola Wohlgemuth, Greenpeace)

Und nun – weil wir gerade so schön in Fahrt sind – noch ein paar handfeste Fakten und Zahlen, die zeigen, warum es dringend notwendig ist, unseren aktuellen Modekonsum zu entschleunigen.

---

[88] Greenpeace (2023), o. S.
[89] Greenpeace (24.04.2023), Pressemitteilung.

! Fashion-Facts

→ 60 Teile kaufen wir Deutschen pro Jahr im Durchschnitt – doppelt so viele Klamotten wie noch vor 15 Jahren, während wir diese nur noch halb so lange tragen.

→ Greenpeace schätzt, dass circa 2 Millionen Kleidungsstücke ungetragen in deutschen Kleiderschränken hängen.

→ 3,3 Milliarden Tonnen an Klimagasen verursacht die globale Textilindustrie jährlich – mehr als der weltweite Flug- und Schiffsverkehr zusammen.[90]

→ Auf Expansionskurs: Trotz blumiger Nachhaltigkeitsversprechen zielt die weltweite Modeindustrie darauf ab, bis 2030 ihre Produktion und damit ihre Klimaemissionen noch einmal zu verdoppeln.[91]

→ Kleines Land – großer Modehunger: Nach den Vereinigten Staaten ist Deutschland weltweit der größte Importeur von Kleidung.

→ Immer schneller beschleunigen sich die Modezyklen, um künstliche Kaufanreize zu erzeugen: Während Kleidung zuvor in zwei Kollektionen jährlich von circa 30 Stücken

---

[90] Chinasamy (2019), o. S.
[91] Hot or Cool Institute (2020), o. S.

angeboten wurde, locken Ultra-Fast-Fashion-Anbieter heute mit neuer Wegwerfmode im Stundentakt von bis zu 1000 neuen Styles täglich.

 GUT ZU WISSEN

Obwohl einkommensschwächeren Bevölkerungs-gruppen oft vorgeworfen wird, billige Kleidung zu kaufen, schlägt das exzessive Shoppingverhalten wohlhabender Menschen bei den Klimaemissionen im Bereich Mode deutlich stärker zu Buche.[92]

Mode & Mikroplastik

- Rund 70 Prozent unserer Modeartikel bestehen mittlerweile aus Synthetikfasern, die mit massivem Energieaufwand und hohen Treibhausgasemissionen aus fossilen Brennstoffen wie Öl oder Gas fabriziert werden.[93]

---

[92] Statista (2024c), o. S.
[93] Witsch (2021), Interview mit Viola Wohlgemuth.

- Bei jedem Waschgang können sich aus einem Kleidungs-stück bis zu 700 000 winzige Faserpartikel lösen, die zu klein sind, um in Kläranlagen ausgefiltert zu werden. Das Problem: Mikroplastik enthält oftmals gesundheitsschäd-liche Zusatzstoffe wie Bisphenol A oder Weichmacher. Zudem binden die Mikroplastikpartikel andere giftige Che-mikalien (z. B. PCB und DDT), die sich im Wasser befin-den, wie ein Magnet an sich.[94] Über die Gewässer und den Klärschlamm landen die Teilchen dann auf unseren Feldern, in der Nahrungskette und auf unserem Teller. 2022 wurde Mikroplastik erstmals in Muttermilch nachgewiesen – in 76 Prozent der untersuchten Milchproben.[95]
- Greenpeace schätzt, dass 35 Prozent des gesamten Mikro-plastiks in den Weltmeeren aus den Kunstfasern in unserer Alltagskleidung stammt.

---

[94] Rößiger (23.08.2018), o. S.
[95] Ragusa et al. (2022), S. 2700.

 **TIPP**

Was du im Alltag gegen Mikroplastik tun kannst:

Kaufe und trage so selten wie möglich erdölbasierte Kunstfasern. Das gilt auch für Produkte aus recyceltem Polyester beziehungsweise PET. Verwende einen Waschbeutel (z. B. von Guppyfriend), um das Mikroplastik beim Wäschewaschen aus deiner Kleidung herauszufiltern.

Mythos Recycling

- Auch wenn die Industrie überall von Circular Fashion und einem geschlossenen Modekreislauf spricht, sind wir noch immer meilenweit entfernt von dieser strahlenden Vision.
- Nicht einmal 1 (!) Prozent unserer Kleidung wird aus recycelten Textilien hergestellt. Woraus die vielen Recyclingprodukte in den Läden bestehen? Aus geschredderten PET-Flaschen, die als Flasche viele Male wiederverwendet und recycelt werden könnten. Verwurstet als Textil wartet auf unsere Plastikmode nach der Nutzungsphase jedoch nur noch die Verbrennungsanlage oder die Mülldeponie.

Am besten weit weg im globalen Süden, wo uns möglichst wenig an unsere Berge an aussortiertem Kleiderkram erinnert.

Die Krisen der vergangenen Jahre haben zudem den Trend zur Billigmode weiter befeuert – da viele Menschen weniger Geld für Mode ausgeben können oder wollen. Seit den Corona-Lockdowns haben sich viele Menschen zudem ans Onlineshopping gewöhnt und an eine ständige und schnelle Verfügbarkeit endloser Produktvariationen. Das Ergebnis: Neben zahlreichen Fast-Fashion-Anbietern erobern zunehmend Ultra-Fast-Fashion-Giganten den Markt, während etablierte Green-Fashion-Modelabels und viele tolle Fachgeschäfte für nachhaltige Mode derzeit ums nackte Überleben kämpfen.

❗ Fakten & Zahlen zum Onlineshopping von Mode

→ Die Produkte, die am häufigsten wieder zurückgesendet werden, sind modische Textilien und Schuhe mit Retourenquoten von bis zu 80 Prozent.[96]

---

96 Asdecker (2023): o. S.

→ Der häufigste Grund, weshalb Bestellungen für Modeartikel zurückgesendet werden, ist, dass sie nicht passen.

→ Gerade bei günstigen Modeartikeln wäre die Aufbereitung
   nach einer Retoure oft teurer als der Restwert des
   Produkts – weshalb viele Stücke nicht mehr in den
   regulären Verkauf zurückkehren.

→ Retouren verursachen unnötige Kosten fürs Klima sowie
   für HerstellerInnen und HändlerInnen. Darum gilt es, sie
   von vornherein möglichst zu vermeiden.

→ Deutschland ist europäischer Spitzenreiter im
   Zurücksenden von Paketen. Das Retourenaufkommen
   hierzulande hat sich in den letzten zehn Jahren verdoppelt.

→ Im Jahr 2021 wurden rund 530 Millionen Pakete
   zurückgeschickt und dadurch unglaubliche
   265 000 Tonnen an CO_2 zusätzlich ausgestoßen.[97]

→ Würde man die Pakete aneinanderlegen, entspräche
   dies circa einer Länge von 212 000 Kilometern – also
   5,3 Erdumrundungen – allein für Retouren im Jahr 2021
   in Deutschland.[98]

---

[97] Umweltbundesamt (2024).
[98] Asdecker (2023): o. S. Bei einer durchschnittlichen Kantenlänge von
40 cm pro Paket.

Das Fazit: Auch wenn uns die Modeindustrie permanent das Gegenteil suggeriert – die negativen Auswirkungen unseres Kleiderhungers auf die Umwelt, auf andere Menschen und auf das Klima sind immens. Und leider gibt es noch immer keine magische Wunderfaser, durch die wir einfach fröhlich so weitershoppen könnten wie bisher. Aber keine Angst, du kannst der Klimakrise etwas entgegensetzen – ohne auf deinen Spaß an Mode zu verzichten – indem du deinen Fokus von Mangel auf Fülle verlagerst und deinen Umgang mit Mode achtsamer gestaltest.

Achtsam anziehen

Dies kann dir in vielfacher Hinsicht ein erfüllteres, gelasseneres und stressfreieres Leben bescheren. Weil du weniger Geld für unnötige Fehlkäufe vergeudest, in deinem Kleiderschrank die Spreu vom Weizen trennst und den Dingen in deinem Leben, die dich tatsächlich bereichern, mehr Raum verschaffen kannst. Die Pyramide (siehe Abbildung) führt dir die verschiedenen Facetten eines bewussten und kreativen Umgangs mit Mode vor Augen. Sie besteht aus vier Ebenen unterschiedlicher Größe, die die vier zentralen Strategien des achtsamen Anziehens symbolisieren.

1. Embrace what you already got / Umarme, was du hast

Diese Taktik bildet die Basis des achtsamen Anziehens. Denn das nachhaltigste und klimafreundlichste Kleidungsstück ist das, welches du bereits besitzt. Entledige dich deines unnötigen Klamottenballasts, atme auf und schöpfe aus den bunten Möglichkeiten deiner Kleiderschätze. Nutze vorhandene Stücke effektiver für dich und setze sie durch kreatives Styling in ein neues Licht. Verlängere das Leben deiner Lieblingsstücke durch die richtige Pflege, repariere sie bei Bedarf und minimiere so deinen modischen Klimafußabdruck systematisch.

2. Share your stuff / Mode tauschen & teilen

Heutzutage gibt es viele Möglichkeiten, dir klimaschonendere und oftmals völlig kostenlose Kleiderquellen zu erschließen und frischen Wind in deine Garderobe zu pusten, z. B. indem du in deinem Freundes- und Familienkreis damit beginnst, Kleiderschätze zu tauschen, untereinander zu verleihen oder weiterzugeben. Informiere dich über Tauschpartys, Flohmärkte und Secondhandläden in deiner Nähe oder experimentiere mit neuen Möglichkeiten wie Mietmode. Im Gegenzug bringst du deine aussortierten Schätzchen wieder unters Volk – durch Verkaufen, Tauschen, Verschenken, Spenden an gemeinnützige, möglichst lokale Einrichtungen – oder führst sie – je nach Zustand des Kleidungsstücks – einem entsprechenden Recycling zu.

3. Shop smarter / Kaufe seltener Neues und investiere dafür in bestmögliche Qualität

Nutze dein Modebudget effektiver, indem du beim Shoppen gezielter vorgehst und dadurch Fehlkäufe vermeidest. Analysiere Fehlkäufe und Lieblingsstücke und extrahiere deine persönlichen, oft unbewussten Modekriterien, die ein Teil für dich zum Lieblingsstück machen. Kaufe wenn möglich secondhand. Beim Kauf neuer Produkte: Entdecke tolle Marken und Textilsiegel, die mithelfen, die Modeindustrie von innen heraus positiv zu verändern.

4. DIY (Do it yourself) / Lasse deiner Kreativität freien Lauf

Die Königsklasse des kreativen Modeaktivismus. Erschaffe eigene Modeunikate – selbst wenn du keinen Plan vom Nähen hast und dazu zwei linke Hände. Das Internet ist voller spannender Anleitungen und Ideen – auch für blutige AnfängerInnen. Gerade beschädigte Klamotten oder fleckige Kleidungsstücke können der perfekte Ausgangspunkt sein, um Textilien durch Bemalen, Besticken, Färben oder Batiken ein völlig neues Leben zu schenken.

Unikate mit Geschichte

Vor einiger Zeit entdeckte ich zum Beispiel einen langen Riss in unserer betagten Bettwäsche, der viel zu groß war, um ihn noch unsichtbar flicken zu können. Der willkommene Anlass für einen kreativen Batiknachmittag mit meiner Tochter, bei dem ich den kaputten Bettbezug einfärbte. Anschließend ging ich mit meiner Lieblingssommerhose und einem Hemdchen zum Schneider meines Vertrauens. Ich ließ ihn die Schnitte dieser Kleidungsstücke auf den neuen Batikstoff übertragen und mir daraus ein Outfit nähen.

Und sollte dir ein kreatives DIY einmal danebengehen – gib nicht gleich auf. So habe ich vor einiger Zeit versucht, unschöne Flecken auf zwei Lieblingsstücken dekorativ mit Textilfarbe zu übermalen. Es sah unmöglich aus – aber ich ließ mich nicht entmutigen. Nach einiger Zeit startete ich einen neuen Versuch und habe beide Kleidungsstücke überfärbt. Durch die verschiedenen Techniken sind ganz neue, spannende Muster entstanden und ich trage sowohl die Hose als auch den Pulli nun wieder regelmäßig mit großer Freude.

Reparieren als Kunstform

»Golden Joinery« nennt sich das Reparieren textiler Schätze mit goldenen Garnen oder Stoffstücken. Angelehnt ist diese Textiltechnik an die alte japanische Reparaturkunst Kintsugi, bei der beschädigte Keramik mit goldenem Kleber gekittet wird. Warum? Um uns im Alltag daran zu erinnern, dass es im Leben nicht

Visual Mending: An Karneval bekam ich einmal eine zerschnittene, blaue Krawatte in die Hände. Ich flickte sie mit gelbem Garn und machte sie zu meinem neuen Lieblingsaccessoire.

darum geht, unsere Narben zu verstecken, sondern deren Einzigartigkeit und Schönheit zu feiern. Auch das Übersticken von Flecken oder Löchern mit grafischen Motiven erfreut sich großer Beliebtheit. Unter dem allgemeinen Begriff »Visual Mending« oder zum Beispiel auch unter »Sashiko« (eine traditionelle japanische Sticktechnik) findest du im Netz zahlreiche Inspirationen, um das schnöde Flicken zur dekorativen Kunstform zu erheben.

Jetzt, da wir mehr wissen über die Schattenseiten unseres Modehungers, stellt sich die Frage, warum es uns eigentlich so schwerfällt, aus diesem Hamsterrad des immer Mehr und Mehr auszusteigen.

Nicht gut genug

Kennst du das? Das frustrierende Gefühl, einfach nicht das Richtige im Schrank zu haben? Den nagenden Gedanken, dass du an dir und deinem Aussehen arbeiten müsstest? Falls ja, dann bist du nicht allein. Diese Glaubenssätze und Gedanken sind das logische Ergebnis all der Bilder und Werbebotschaften, mit denen wir heutzutage bombardiert werden – schätzungsweise

6 000 Anzeigen pro Person jeden Tag.[99] Unser Social-Media-Feed füttert unser Unterbewusstsein mit einem endlosen Reigen kuratierter, optimierter Bilder echter Körper und auf authentisch gestylter Alltagsmomente, Outfits und Produkte. Menschen und Marken, zu denen wir aufsehen. Abbilder eines idealisierten Lebens, mit denen wir unsere Körper, unsere Besitztümer und unseren vermeintlich unglamourösen Alltag automatisch wieder und wieder abgleichen. Und in uns die dumpfe Scham nähren, dass der Mensch, der wir sind, das Leben, das wir führen, und die Dinge, die wir besitzen, auf irgendeine vage Art nicht zu genügen scheinen.

Stil – eine Frage der Haltung

Viele Menschen sehnen sich danach, mehr Ausstrahlung und Selbstbewusstsein zu besitzen, und versuchen, dies mit immer neuen Outfits oder Beauty-Maßnahmen zu erreichen. Doch genauso wichtig für einen selbstbewussten Stil ist unsere innere Haltung. Du sehnst dich danach, dich selbstbewusster

---

[99] IONOS (29.01.2018), o. S.

in deiner Haut zu fühlen? Dann hör auf, permanent darüber nachzugrübeln, wie du deine vermeintlichen Makel mit Mode oder Make-up verstecken kannst, und fange an, dir und deinen Gedanken zuzuhören. Die Art, wie wir im Alltag mit uns reden, hat einen riesigen Einfluss darauf, wie wir uns in unserer Haut fühlen, wie wir mit uns und unserem Körper umgehen, wie wir konsumieren und unser Leben gestalten.

3 Tipps gegen deinen inneren Saboteur

Beginne, dir selbst zuzuhören, wie du – gerade in schwierigen Momenten – mit dir sprichst. Und wenn du das nächste Mal eine fiese innere Stimme in dir wahrnimmst, dann …

- … ergreife das Wort für dich und deinen Körper und versuche, dagegenzuhalten,
- … frage dich, welche wertschätzenden Worte deine beste Freundin oder dein bester Freund in dieser Situation dir gegenüber wählen würden,
- … hinterfrage schmerzhafte Gedanken über dich und dein Aussehen immer wieder ehrlich mit den Worten »Ist das wahr?« und nutze die Fragemethode »The Work«, um sie nach und nach zu entkräften.

 ### 10-MINUTEN-AUFGABE:
DEINE INNEREN STILTYPEN

Begib dich auf die Suche nach deinen inneren Stiltypen: Stelle dir vor, deine Seele ist eine bunte Wohngemeinschaft unterschiedlichster Charaktere, die du je nach Stimmung, Bedarf oder Situation durch deine Kleidung zum Leben erwecken kannst. Deine inneren Stiltypen können dich auf spielerische Art dabei unterstützen, verschiedene Facetten deiner Persönlichkeit über die Wahl deiner Kleidung auszuleben. Welche Persönlichkeiten erkennst du in dir?

Los gehts:

- Stelle deine Uhr auf 3 Minuten und suche spontan und intuitiv 5 bis 10 Dinge aus deinem Kleiderschrank heraus, die möglichst verschiedene Modestile darstellen. Gib anschließend jedem dieser Stiltypen einen spontanen Namen und halte sie in deinem Notizbuch fest (z. B. die Business-Superwoman, die Retro-Diva, Sporty-Spice, der Tomboy, die Lichtgestalt, das Blumenmädchen).

- Fehlkäufen vorbeugen. Dann frage dich ehrlich: Gibt es Stile, die heute nicht mehr zu dir und deinem Alltag passen (z. B. das Blumenmädchen)? Wenn ja, verabschiede dich feierlich davon. Diesem Modestil bist du offenbar entwachsen und du brauchst daher keine neuen Stücke mehr aus dieser Stilfacette anzuschaffen.

- Deine Seelen-WG besitzt auch ein Gästezimmer: Gibt es einen Stiltypen, den du gerne dorthin einladen würdest? Eine bestimmte Person, die diesen Stil lebt, die dich modisch fasziniert und Seiten in dir weckt, die du gerne einmal oder öfter ausleben würdest?

Styling per Stiltyp

Wenn du das nächste Mal vor deinem Kleiderschrank stehst, frage dich einfach, welchen deiner Stiltypen du heute zum Leben erwecken willst. Am einfachsten ist es, einen deiner modischen Stiltypen mit Kleidung und Accessoires konsequent durchzuziehen. Oder aber du erzeugst spannende Looks durch bewusste Stilbrüche: Dafür mixt du zwei ganz unterschiedliche Stiltypen miteinander, z. B. die souveräne Business-Woman mit dem lässigen Tomboy (z. B. in Form eines hellgrauen Anzugs im Oversized-Look zu Hoodie und grafischen Sneakern), oder du stellst ein Remix zusammen aus Tomboy und Retro-Diva (z. B. ein beigefarbenes elegantes Spitzenkleid zur schwarzen Bikerjacke und derben Boots).

Das Phänomen »Nichts anzuziehen«

Obwohl wir eine größere Auswahl an Modeschätzen besitzen als jede Generation vor uns, befällt uns regelmäßig die Panik, nicht das Richtige im Schrank zu haben. Typischerweise, wenn wir einen wichtigen Termin haben und fürchten, den kritischen

Blicken anderer ausgeliefert zu sein. Dies erzeugt in uns Gefühle der Unsicherheit und die Angst, wir oder unser Äußeres könnten deren Anforderungen nicht genügen. Unsere typische Reaktion: Wir kaufen ein neues Outfit, um uns selbstsicherer zu fühlen. Mit anderen Worten: Wir versuchen, unsere unangenehmen Gefühle durchs Shopping zu beheben. Aber wäre es nicht sinnvoller, unsere Gedanken und Gefühle direkt anzugehen, statt anderswo ein Pflaster draufzupappen?

Nachdem wir jedoch mehr als zwei Dekaden dem modischen Exzess gefrönt haben, können wir uns ein attraktives Leben ohne enthemmtes Shopping – und die dadurch ausgelösten kurzen Dopaminkicks – kaum mehr vorstellen. Verzichten? Das schreckt ab, klingt unsexy und nach Traurigkeit und Langeweile. Zu Unrecht? Eine Studie der University of Arizona mit jungen konsumfreudigen US-AmerikanerInnen brachte 2019 verblüffende Ergebnisse zutage.[100]

---

[100] Helm et al. (2019), S. 264–284.

Glücklicher durch Konsumverzicht?

Untersucht wurde, was und wie viel junge Erwachsene heute konsumieren und wie sich ein nachhaltigerer Konsum auf ihr Wohlbefinden auswirkt. Dazu wurden zwei Strategien getestet: Die erste Testgruppe praktizierte einen grüneren Konsum und versuchte, alltägliche Konsumentscheidungen durch nachhaltige Alternativen zu ersetzen, während die zweite Testgruppe ihren Konsum einfach nur bewusst reduzierte.[101] Das überraschende Ergebnis:

Leichter durchs Leben

Bei den Probanden, die lediglich ihren Konsum reduzierten, verzeichneten die WissenschaftlerInnen eine deutliche Steigerung ihres psychischen Wohlbefindens. Der Grund: Zahlreiche materielle Dinge zu besitzen und immer neue zu recherchieren, frisst Zeit und Energie und erzeugt vielfältige Belastungen – mit anderen Worten: Stress. Weniger zu konsumieren, erlebten die ProbandInnen daher als entlastend und befreiend.[102]

---

[101] Helm et al. (2019), S. 264–284.
[102] Helm et al. (2019), S. 264–284.

Vielleicht macht dir diese überraschende Erkenntnis ja Lust, selbst einmal mit einer kleinen Shopping-Diät zu experimentieren? Bevor du neue Dinge anschaffst, sichte doch erst einmal, was du schon alles besitzt, und probiere aus, was sich daraus zaubern lässt.

 Woche 8:
Die wichtigsten Erkenntnisse auf einen Blick

- Unser Modekonsum hat sich in den letzten 20 Jahren extrem beschleunigt und intensiviert, mit massiven Folgen für Umwelt und Klima.
- Besonders die Produktion neuer Modeartikel, unnötige Retouren beim Onlineshopping sowie das Waschen unserer Kleidung verursachen – neben diversen Umweltproblemen – riesige Treibhausgasemissionen.
- Der wichtigste Hebel, um unseren ökologischen Fußabdruck im Bereich Mode zu reduzieren, ist, deinen Konsum zu entschleunigen und wieder an deinem wirklichen Bedarf zu orientieren.
- Gut fürs Klima, den Geldbeutel und dich selbst: Ein achtsamer Konsum kann sich sogar entlastend und befreiend anfühlen.

- Achtsam anziehen: Durchbrich das Mangeldenken und verlagere den Fokus auf die Fülle – auf all die Möglichkeiten, die dich umgeben und die dir in diesem Moment zur Verfügung stehen.
- <u>Nutze dazu die 4 Strategien des achtsamen Anziehens</u>
  1. EMBRACE: Zelebriere, was du hast.
  2. SHARE: Tausche und teile deine Kleiderschätze.
  3. SHOP SMARTER: Nutze dein Modebudget effektiver und entsprechend deiner persönlichen Wohlfühlkriterien.
  4. DIY: Lasse deiner Kreativität freien Lauf und erfinde alte Stücke neu.

 **Die Top-3-Hacks, um deinen Klimafußabdruck im Bereich Mode zu minimieren**

1. Entschleunige deinen Modekonsum:
- → Orientiere ihn stärker an deinem wirklichen Bedarf.
- → Kaufe seltener Neues und dafür mehr Gebrauchtes.
- → Investiere wenn möglich in nachhaltige Modelabels, Biotextilien, bestmögliche Qualität und Langlebigkeit.

2. Trage deine Kleidung möglichst lange und repariere sie.
Falls du sie nicht mehr benötigst, bringe sie wieder in Umlauf.

3. Wasche nur, was wirklich dreckig ist, und das bei möglichst niedrigen Temperaturen. Trockne Wäsche am besten auf der Leine im Freien oder in einem unbeheizten, gut belüfteten Raum (z. B. Dachboden, Wäschekeller)[103] und spare dir nach Möglichkeit das Bügeln.

Herzlichen Glückwunsch! Du hast nun den finalen Teil dieses Wochenkapitels erreicht. In deiner Wochenmission wirst du deinen Kleiderschrank zu einem inspirierenden und kreativen Ort umgestalten. Plane dafür in den nächsten Tagen möglichst ein paar Stunden am Stück Zeit ein. Falls das nicht machbar ist, gehe die drei Schritte in Etappen an oder gönne dir bei Bedarf einfach etwas mehr Zeit. Du wirst sehen – es lohnt sich!

---

[103] Umweltbundesamt (11.02.2016), o. S.

 **TIPP**

Du tust dich prinzipiell schwer beim Stylen und Kombinieren ansprechender Outfits? Dann hole dir für deine Wochenmission eine stilsichere Freundin oder einen Freund mit ins Boot.

Vorbereitung

Besorge dir einheitliche Kleiderbügel und lege dir dein Notizbuch zurecht. Mache dir entspannte Musik an und stelle dir vier Tüten oder Kisten zurecht für die Kategorien:

1. »Vielleicht«

2. »Altkleider«

3. »Spenden« beziehungsweise »Zu verschenken«

4. »Verkaufen«

 **DEINE MISSION
IN DIESER WOCHE**

*Verwandle deinen Kleiderschrank und lasse
deine Kleiderschätze strahlen.*

Vom Stressfaktor zum Ort modischer Selbsterfahrung
in drei Schritten.

Schritt 1: Von Lieblingsteilen & Fehlkäufen lernen

Schnappe dir fünf aktuelle Lieblingsstücke und Fehlkäufe, lege
sie auf dein Bett und studiere sie.

- Was genau macht es zu einem Lieblingsteil beziehungsweise
  zu einem Fehlkauf (z. B. Farbe, Muster, Schnitt, Länge,
  Bequemlichkeit, Tragegefühl des Materials oder bestimmte
  Erinnerungen und Assoziationen)?

- Welche **Knackpunkte** gilt es in Zukunft zu bedenken, bevor
  du neue Stücke anschaffst?

- Extrahiere aus deinen Erkenntnissen deine persönlichen
  Modekriterien und halte sie in deinem Notizheft
  fest – der beste Schutz vor Fehlkäufen und faulen

Kleiderkompromissen. Denn nur, wenn ein Stück alle diese Kriterien erfüllt, hat es eine reelle Chance auf einen Platz im Olymp deiner Lieblingsstücke.

Schritt 2: Schaffe Klarheit im Kleiderschrank!

Bei den meisten Menschen verstopft viel zu viel unnötiger Kram ihren Kleiderschrank. Dieser Anblick stresst uns nachweislich und wir haben keinen Überblick darüber, was wir überhaupt besitzen.

Je mehr Optionen wir zur Auswahl haben, desto schwerer fällt es uns, eine Entscheidung zu treffen, und desto mehr Energie kostet uns dieser mentale Vorgang.

Je mehr Stücke wir vor Augen haben, desto anstrengender ist es also, schöne Outfitkombinationen zu erstellen.

Deine Aufgabe:

- Packe alle deine Modeschätze auf dein Bett und sortiere deine Sachen in die Stapel »Ja«, »Nein« und »Vielleicht«.
- Sorge für einheitliche Kleiderbügel, die in dieselbe Richtung zeigen, und befördere alle Stücke der Kategorie »ja« wieder ordentlich in deinen Schrank zurück.

- Schaffe Klarheit und Ordnung, indem du Legewaren ordentlich faltest, z. B. aufrecht in Schubladen, Metallkörbe oder Schuhkartons einsortiert (z. B. nach der KonMari-Methode), damit du auf einen Blick siehst, was du besitzt.

- Für maximale Ruhe und Harmonie: Sortiere hängende Stücke farblich oder lege Gruppen an von Kleidungsstücken (z. B. Blazer und Jacken), die du in sich dann wieder farblich sortierst (z. B. von hell nach dunkel).

- Kategorie »vielleicht«: Du kannst entweder alle Stücke dieser Kategorie erst einmal drei Monate aus den Augen packen (in dem Fall trage dir direkt einen Termin zum Sichten ein) oder aber so viele Stücke, wie du magst, herauspicken und in deinen Schrank überführen. Voraussetzung: Die Teile sollten optimal passen und allen deinen Wohlfühlkriterien entsprechen.

- Stücke der Kategorie »Nein« kannst du am Ende dieser Übung dann in deine vorbereiteten Tüten beziehungsweise Kisten »Altkleider«, »Spenden«, »Zu verschenken« oder »Verkaufen« aufdröseln (sofern die Stücke wirklich noch einen realen Marktwert haben, sodass sich dieser Aufwand überhaupt für dich lohnt).

TIPP: FRISCHER WIND IN EINER BOX

Damit das Zimmer meiner Tochter nicht zu voll wird, habe ich für sie eine Box auf dem Dachboden, in die tolle Spielsachen hineinwandern können, die sie gerade kaum verwendet. Alle paar Monate lasse ich diese Box rotieren: Das heißt, ich hole die Kiste herunter, wir sichten ihre Schätze, ersetzen bei Bedarf den Inhalt durch andere Dinge, die sie behalten möchte, aber gerade nicht regelmäßig zum Spielen nutzt. Genau so eine Box habe ich mir für Kleiderschätze angelegt, die ich sehr mag, aber gerade nicht unbedingt in meinem Schrank brauche. Wenn eine neue Saison ansteht oder wenn ich mich nach frischem Wind im Kleiderschrank sehne, sichte ich erst einmal meine modische Schatzkiste, bestücke meinen Schrank mit einer frischen Auswahl an Lieblingsstücken und lasse die Box wieder nach oben wandern. So benötige ich seltener Neues und kann vertraute Stücke immer wieder neu entdecken. Aber Vorsicht: Eine bis maximal zwei solcher Kisten sollten reichen – andernfalls schichtest du unnötige Kleiderberge nur um, statt dich von ihnen zu befreien.

Schritt 3: Werde kreativ!

Es gibt unzählige Möglichkeiten, ansprechende Outfits zusammenzustellen, und keine allgemeingültigen Regeln in der Mode. Trotzdem verrate ich dir hier meine persönlichen Strategien, wie ich als studierte Modedesignerin beim Anziehen vor dem Kleiderschrank vorgehe.

Die zwei wichtigsten Gestaltungsprinzipien sind aus meiner Sicht die beiden Themen **Kontrast** und **Harmonie.** Für mich ist das Zusammenstellen eines Outfits wie das intuitive Anfertigen einer Collage, in der ich Farben und Formen spielerisch miteinander in Beziehung setze.

Prinzipien, nach denen du Outfits erstellen kannst:

- Monochrom & Ton in Ton
  Eine Farbe oder Farbfamilie konsequent durchgezogen (z. B. komplett in Schwarz), aufgelockert durch ein lineares Element wie eine goldene Kette und rote Lippen als kleiner Farbakzent.

- Muster als Ausgangspunkt
  Wähle ein gemustertes Kleidungsstück oder Accessoire aus und kombiniere es mit anderen Stücken, die einzelne Farben aus dem Muster aufgreifen.

- Hell-dunkel-Kontrast (plus Farbe)
  Kombiniere ein Outfit, z. B. in Schwarz und Weiß, und setze einen lebendigen Farbakzent (Mütze, Schal, Schuhe etc.).
- Farbig trifft farblos
  Kombiniere eine knallige Farbe mit einem gedeckten neutralen Ton (z. B. Hellgrau oder Beige).
  u. v. m.

Und hier ein paar praktische Tipps zum Erstellen toller Farbkombinationen

- Gegensätze ziehen sich an: Wenn du harmonische Farbkombinationen erstellen willst, spiele lieber mit starken Kontrasten (z. B. mit Nuancen der Komplementärfarben Gelb-Lila, Orange-Blau und Rot-Grün) statt mit Tönen, die einander ähneln (wie Orange und Gelb) und sich optisch leicht beißen können.
- Welche Farben du meiden solltest? Achte bei der Wahl deiner Kleidung auf einen ausreichenden Kontrast zu deiner Hautfarbe, damit du optisch nicht verschwindest. Aber auch Nude-Töne können toll aussehen, vor allem in Kombination mit einem schönen Make-up. Aber Vorsicht:

Kleidungsstücke in gedeckten Hauttönen sollten exakt mit deiner Hautfarbe harmonieren. Dies gilt besonders für hellere Hauttypen, bei denen der Farbton deiner Haut im Vergleich zu deiner Kleidung sonst schnell auf unschöne Art gelblich oder rosa wirken kann.

Deine Styling-Aufgabe

- Notiere dir drei verschiedene Anlässe in dein Notizheft, vor denen dich häufig das Phänomen »Nichts anzuziehen!« übermannt.
- Stelle dir für jede dieser drei typischen Situationen vorab jeweils drei tolle Outfits zusammen, inklusive passender Accessoires, Schuhe und Schmuck, und halte deine Outfits fotografisch fest.
- Du kannst dabei entweder ...
  - → ... von einer bestimmten **Farbe** ausgehen, die dich in der jeweiligen Situation strahlen lässt,
  - → ... von **Lieblingsstücken** ausgehen, in denen du dich in ähnlichen Situationen schon einmal wirklich wohl und sicher gefühlt hast,

→ … oder einen beziehungsweise zwei deiner inneren **Stiltypen** entfesseln, die genau die Energie verkörpern, die du in dieser Situation ausstrahlen möchtest.

 ### Die Top-3-Hacks für dein Styling

- Das 1/3- und 2/3-Prinzip: Unser Auge nimmt eine Silhouette automatisch als vorteilhaft wahr, wenn wir durch unser Outfit eine optische Grenze zwischen Oberkörper (oberes Drittel) und Unterkörper (zwei untere Drittel) ziehen, z. B., indem wir ein Oberteil an der Taille lässig an einer Stelle in den Hosenbund stecken.
- Weniger ist mehr: Konzentriere dich auf zwei (maximal drei) Farbtöne pro Outfit. Ausnahme: bunte, gemusterte Stücke, die du gut mit einfarbigen Teilen mixen kannst.
- Farbliche Bezüge schaffen: Erstelle ein in sich geschlossenes Outfit, indem du einzelne Farbtöne gezielt noch einmal durch ein Kleidungsstück, Accessoire oder dein Make-up aufgreifst. Der Effekt: Dein Outfit wirkt spannungsvoll und durchdacht, statt zufällig aus dem Schrank gefischt.

#outfit repeating

Befreie dich von dem Druck und der Illusion, ständig neu, modisch oder irgendwie besonders aussehen zu müssen. Mache es dir stattdessen zum Ziel, dich rundum in deiner Kleidung wohlzufühlen, spiele mit deiner Kleidung und wiederhole tolle Outfitkombinationen nach Belieben. Nimm dein modisches Schicksal in die Hand und hilf mit, den Klimawandel zu verlangsamen, indem du deinen persönlichen Modekonsum spürbar entschleunigst und nur noch neue Modeschätze anschaffst, wenn du sie tatsächlich benötigst und du absehen kannst, dass du sie im Alltag wirklich regelmäßig nutzt.

Preisfrage

Wie viele neue Stücke dürfen wir weltweit im Schnitt jährlich pro Kopf anschaffen, um die Erderwärmung auf 1,5 Grad zu begrenzen?

Die Antwort: Lediglich 5 (!) Modeartikel jährlich – sofern wir keine anderen Maßnahmen zur Reduktion unserer modischen Klimabilanz ergreifen, z. B. durchs Reparieren, Waschen bei niedrigeren Temperaturen oder durch den Kauf von Second-hand-Produkten.[104]

> **Weniger neue Kleidung zu kaufen, ist die wirksamste Maßnahme zur Reduzierung unseres CO_2-Fußabdrucks im Bereich Mode. Sie führt zu Einsparungen, die viermal höher sind als die nächstbeste Strategie (Verlängerung der Nutzungsdauer von Kleidungsstücken) und mehr als dreimal höher als die Einsparungen, die wir derzeit durch die Dekarbonisierung der Modeindustrie erwarten können.[105]**
>
> (Hot or Cool Institute)

---

[104] Hot or Cool Institute (2020), o. S.
[105] Hot or Cool Institute (2020), o. S.

Woche 9

HOME SWEET HOME – RESSOURCEN UND KOSTEN SPAREN IM HAUSHALT

Unser Zuhause – Festung im Alltag, Homebase, Lebensmittelpunkt. Unser Zimmer, unsere Wohnung, unser Haus, die Nachbarschaft, der Park in unserer Nähe, der Obsthändler an der
Ecke. Die Blumenfrau, die uns täglich grüßt. Die Lieblingsorte
in unserem Viertel, die wir immer wieder aufsuchen. Orte, Menschen, Rituale, Erinnerungen – all diese Fragmente sind einge-
woben in unser vielschichtiges Gefühl von »zu Hause«. In den
kommenden Tagen erwarten dich zahlreiche praktische Ansatz-
punkte, um deinen Klimafußabdruck deutlich zu reduzieren und
gleichzeitig bares Geld zu sparen. Schon Al Gore, Friedensnobel-
preisträger und ehemaliger Vizepräsident der Vereinigten Staaten,
verrät 2006 in seinem Buch »Eine unbequeme Wahrheit«, welches Potenzial das traute Heim im Klimakontext besitzt.

**Wer konsequent auf energieeffiziente Alternativen setzt,
kann seine Energierechnung und seine Treibhausgasemissionen um über 30 Prozent senken. Viele dieser Maßnahmen verursachen keine oder nur geringe Kosten.**[106]

(Al Gore)

---

[106] Gore (2006), S. 306–310.

Dem deutschen Umweltbundesamt nach entfallen rund 24 Prozent der jährlichen Treibhausgasemissionen in Deutschland auf Wohnen und Strom. Das entspricht einem großen Batzen unserer individuellen Klimaemissionen, der lediglich vom Bereich sonstiger Konsum mit 27 Prozent (siehe Woche 7) übertroffen wird.[107] Demnach schlüsselt sich der Bereich Wohnen (inklusive Energieversorgung/Strom) folgendermaßen auf:[108]

Emissionen im Bereich Wohnen (inklusive Strom)

- 72,6 Prozent: Raumwärme
- 12,4 Prozent: Warmwasser
- 8,0 Prozent: elektronische Geräte für Kommunikation und Informationstechnik
- 5,6 Prozent: Kochen, Waschen, Spülen
- 1,4 Prozent: Beleuchtung

Mit anderen Worten: Der mit riesigem Abstand größte Klimafaktor im Haushalt ist das Thema Raumwärme. Also die Energie, die wir durchs Heizen unserer Wohnräume

---

[107] Umweltbundesamt (31.01.2023), o. S.
[108] Umweltbundesamt (10.05.2023), o. S.

verbrauchen, und die gewaltigen Emissionen, die dadurch freigesetzt werden – hauptsächlich durch die Verbrennung fossiler Rohstoffe. Sowohl innerhalb unserer Wohnungen durch Öl- oder Gasheizungen als auch aufseiten der Energieerzeuger, die in Deutschland noch immer viel zu oft auf die klimaschädliche Verbrennung von Braunkohle setzen. Und mit dem Thema Heizen ist wiederum ein zweiter wichtiger Faktor verbunden, der ebenfalls einen großen Einfluss auf unsere persönlichen Emissionen hat: die Fläche unseres Wohnraums.

Trautes Heim, Glück allein

Mitte des 20. Jahrhunderts lebten in Deutschland im Normalfall mehrere Personen und Generationen unter einem Dach. Sie teilten am gemeinsamen Esstisch ihre Gedanken und Erlebnisse des Tages, genau wie die Toilette, das Bad, die Küche und ihre Haushaltsgeräte. Seitdem sank die Anzahl der Bewohner unserer Wohnräume stetig. Immer mehr Menschen wohnen heute allein und beherbergen statt anderer Personen einen kompletten Hausstand mit einer riesigen Bandbreite an Dingen und Geräten nur für sich.

 **GUT ZU WISSEN**

Während in den 1950ern der häusliche Platzver-
brauch der Deutschen pro Kopf noch 14 Quadratmeter umfasst hat, verfügen wir heute im Durchschnitt
mit 45 Quadratmetern über die dreifache Fläche.[109]

Gleichzeitig beanspruchen wir heute nicht einfach nur mehr
Fläche. Auch die Art, wie wir unser Zuhause nutzen, hat sich
grundlegend geändert. Viele Orte, die sich früher außerhalb
unserer Wohnungen befanden, haben Einzug gehalten in unser
privates Reich, und die Coronapandemie hat diesen Trend
zusätzlich verstärkt. Digitalisierte Prozesse und Kommunikati-
onsplattformen haben unseren Arbeitsalltag von Grund auf verändert: Statt täglich von neun bis fünf unter Aufsicht eines mür-
rischen Vorgesetzten zu malochen, treffen sich viele Angestellte
heute gezielt zu Terminen im Büro und arbeiten ansonsten tage-
weise im Homeoffice. Streamingdienste ermöglichen uns Kino-
abende zu Hause, Lieferdienste versorgen uns mit Einkäufen

---

[109] Fuhrhop (2015), S. 105.

und warmen Mahlzeiten. Unsere Wohnung hat sich mehr denn je zur zentralen Schnittstelle unseres Alltags entwickelt. Dabei gestaltete sich das typische Leben vieler Menschen hierzulande vor einigen Dekaden noch ganz anders: Viele Menschen verließen ihr Zuhause am Morgen und verbrachten ihren Tag auf der Arbeit, trafen sich mit Kolleginnen und Kollegen zum Mittagessen oder auf einen Schwatz zwischen Tür und Angel. Man verabredete sich zum Feierabendbierchen in der Eckkneipe des Vertrauens, zum gemeinsamen Vereinssport, spazierte sonntags mit Kind und Kegel durch den Park oder durch die Natur. Wer es sich leisten konnte, ging regelmäßig ins Restaurant, ins Theater oder ins Konzert. Und auch bei den jungen Menschen ist dieses Phänomen zu beobachten. Während Kinder früher praktisch den ganzen Tag draußen im Freien miteinander spielten und umhertollten, beschäftigen sie sich heute meistens drinnen innerhalb der Wohnung oder in ihrem eigenen Zimmer. Nach und nach hat unser Zuhause sich immer mehr Orte des täglichen Lebens einverleibt und unser Lebensmittelpunkt hat sich ins Private verlagert. So viel Komfort und Freiheit diese neue Lebensweise uns auch eröffnet, so bringt sie durchaus Herausforderungen mit sich. Immer mehr Bereiche unseres Alltags verschmelzen miteinander und die räumliche Trennung einzelner Lebensbereiche schwindet.

All diese Fäden laufen in unserem Kopf zusammen und machen es uns schwer, in unserem Zuhause, der Schaltzentrale unseres Lebens, zur Ruhe zu kommen, Gedanken und Anspannungen loszulassen und uns wirklich zu regenerieren.

Allein im Reich der Dinge

Zugleich leiden immer mehr Menschen unter einem latenten Gefühl der Einsamkeit und sehnen sich nach menschlicher Nähe. Warum? Weil sich soziale Begegnungen in unserem Alltag immer seltener ereignen. Zudem sind wir durch Smartphone und Co. auch außerhalb unserer vier Wände weit weniger zugänglich und präsent für andere Mitmenschen – was spontane Begegnungen in unserer direkten physischen Umgebung massiv erschwert. Aber natürlich bin auch ich dankbar für jeden einzelnen Quadratmeter Wohnraum, den ich nach meinen Bedürfnissen gestalten und mit Leben füllen kann. Und gerade als hochsensibler Mensch genieße ich die Möglichkeit, mich räumlich zurückziehen zu können. Genau wie beim Thema Konsum stellt sich jedoch auch beim Wohnen die Frage, wie viel Platz wir wirklich benötigen, um ein schönes, zufriedenes und glückliches Leben zu führen.

Emissionsreiche Baumaterialien

Doch warum spielt unsere Wohnfläche überhaupt so eine große Rolle hinsichtlich unserer Klimaemissionen? Neben dem Heizen unseres Zuhauses verursacht auch das Bauen eines neuen Hauses immense Treibhausgasemissionen. Der Grund: Bei der Herstellung der häufig verwendeten Baumaterialien Zement, Stahl und Aluminium werden riesige Mengen schädlicher Klimagase freigesetzt. Darüber hinaus ist die Baubranche einer der weltweit größten Abnehmer von Plastik, das, vermischt mit anderen Werkstoffen, beim Hausbau überall zum Einsatz kommt. Auch dessen Herstellung ist höchst energieintensiv und mit starken Emissionen verbunden.

Nachdem wir uns klargemacht haben, wie die Faktoren Wohnfläche und Baumaterialien klimatisch zu Buche schlagen, werfen wir nun einen Blick auf unser eigenes Zuhause (abseits der Emissionen, die beim Bau oder beim Heizen entstehen). Welche konkreten Maßnahmen können wir ergreifen, um unserem Geldbeutel und dem Klima in dieser Woche Gutes zu tun?

Auf echten Ökostrom umstellen

Der Wechsel zu nachhaltigen Ökostromanbietern lohnt sich nicht nur dem Klima zuliebe, sondern auch finanziell – aufgrund oftmals günstigerer Tarife. Leider betreiben viele Stromanbieter dreistes und kaum zu durchschauendes Greenwashing. Beim umfassenden *Ökostrom*vergleich der bekannten Plattform *Öko-Test* erhielten 14 von insgesamt 78 Ökotarifen die Auszeichnung »Sehr gut«, während 42 Tarife mit der Wertung »mangelhaft« durchfielen. Nicht überall, wo Ökostrom oder erneuerbare Energien angepriesen werden, steht also auch ein echtes Engagement dahinter. Informiere dich zum Beispiel bei *Öko-Test* im Netz, welche aktuellen Ökostromtarife und -anbieter wirklich zu empfehlen sind.

Energie im Haushalt effizienter nutzen

Achte bei der Anschaffung neuer Geräte auf eine möglichst hohe Energieeffizienzklasse. Das gilt besonders für Dinge, die dauerhaft oder häufig genutzt werden wie Kühlschrank, Gefrierschrank oder Waschmaschine. Aber auch bei anderen Geräten, zum Beispiel einem Ventilator, lohnt es sich, in energiesparende Modelle zu investieren. Darüber hinaus kann auch die Geräteart einen großen Unterschied in deiner Energiebilanz verursachen. So verbraucht ein Laptop zum Beispiel viel weniger Energie als ein handelsüblicher PC. Zudem kannst du durch verschiedene Tricks im Alltag Energie einsparen.

Checkliste zum Energiesparen im Haushalt

Einsparpotenzial an Energiekosten und CO_2 am Beispiel eines durchschnittlichen Vierpersonenhaushalts pro Jahr:[110]

1. **302 €/454 kg CO_2: Waschen & Trocknen** von Kleidung. Nutze nach Möglichkeit den Eco-Modus, wasche bei möglichst niedrigen Temperaturen, verzichte auf Vorwäsche und trockne Kleidung nach Möglichkeit auf der Leine.
2. **129 €/194 kg CO_2:** Austausch alter **Glühbirnen** durch LEDs.
3. **43 €/65 kg CO_2:** Kein **Stand-by**. Schalte Fernseher, PC, Bildschirm und Drucker nach dem Gebrauch aus

---

[110] Tackmann (18.09.2022), o. S.

und ziehe Ladegeräte aus der Steckdose oder nutze eine Steckdosenleiste mit Kippschalter.

4. **25 €/38 kg CO$_2$:** Nutze den Eco-Modus deiner **Spülmaschine**.

5. **20 €/30 kg CO$_2$:** Verwende prinzipiell einen **Topfdeckel** beim Kochen.

6. **20 €/30 kg CO$_2$:** Nutze die Restwärme deines Backofens, indem du ihn bereits kurz vor dem Ende der Garzeit ausschaltest. Bei vielen Gerichten kannst du zudem auch aufs Vorheizen verzichten.[111]

7. **8 €/12 kg CO$_2$:** Öffne den **Kühlschrank** nur möglichst kurz, statt seine Tür offen stehen zu lassen.

Win-win für Geldbeutel & Klima

Allein mit diesen Maßnahmen – und es gibt noch viele weitere – spart eine vierköpfige Familie jährlich (je nach aktuellen Energiepreisen) im Durchschnitt 547 € beziehungsweise ganze 823 kg CO$_2$ ein.

---

[111] Bayerischer Rundfunk.de (14.02.2024), o. S.

Individueller Energiesparcheck: Du sehnst dich nach eingehender Beratung, um unnötige Energiekosten noch gezielter zu minimieren? Über die Website **Verbraucherzentrale-energieberatung.de** kannst du dich kostenlos beraten lassen (im Chat, telefonisch oder vor Ort während eines Beratungstermins in einer Zweigstelle der Verbraucherzentrale in deiner Nähe). In vielen Regionen kannst du darüber hinaus (mit einigen Wochen Vorlauf) eine Energiespar-Expertin beziehungsweise einen Energiespar-Experten zu einem kostenlosen Basis-Check zu dir nach Hause einladen.

 GUT ZU WISSEN

Für Menschen mit niedrigem Einkommen bietet die Plattform Stromspar-check.de neben kostenfreier Beratung Zuschüsse zu LED-Birnen, Spardusch-köpfen und teils sogar zu neuen Kühlgeräten an.

Ein anderer Bereich unseres häuslichen Lebens, der Emissionen verursacht, ist die Nutzung elektronischer Geräte wie Fernseher, Laptop und Smartphone.

Jährlicher CO_2e-Ausstoß bei der Nutzung verschiedener Geräte[112]

- TV-Gerät: 76 kg CO_2
- Laptop: 12 kg CO_2
- Smartphone: 5 kg CO_2

Betrachten wir genauer, welche digitalen Dienste wir mit unseren elektronischen Geräten nutzen, fällt auf, dass vor allem das Onlinestreaming von Videos hohe Emissionen verursacht.

Die Top-3-Tipps für achtsames Streaming

1. Will ich das wirklich? Bevor du ein Video anklickst oder automatisch zum Handy greifst, frag dich, ob du dir das tatsächlich gerade reinziehen möchtest. Durch

---

[112] Gröger (2020), S. 32, Abbildung 6-1.

Auto-Play-Funktionen und endlose Feeds mit bewegten Bildern bleiben wir fast automatisch am Bildschirm kleben und verschwenden im Alltag viel Zeit und Energie für den Konsum von Inhalten, die uns weder erfüllen noch erfrischen. Frage dich stattdessen: **Was brauche ich gerade wirklich?** Und schenke es dir nach Möglichkeit (z. B. eine echte Pause, etwas zu trinken oder zu essen, ein wenig frische Luft, etwas Bewegung).

2. Nutze zum Streamen möglichst eine WLAN-Verbindung und setze eher auf Audioinhalte statt auf Videos.

3. Keine halben Sachen: Statt permanent irgendwelche Videos nebenher laufen zu lassen, picke dir die schönsten Perlen heraus und zelebriere sie mit allen Sinnen. Wenn du dir also ab und zu einen tollen Film oder eine Serie ansiehst, zelebriere es, tauche komplett ein und lass dich nicht dabei stören – zum Beispiel durch dein Handy.

Ein anderer Punkt, der dafür spricht, unsere Bildschirmzeiten achtsamer zu gestalten, ist unser Sehvermögen. Die Zeit, die wir täglich auf Bildschirme starren, erhöht nämlich das Risiko für Kurzsichtigkeit massiv – bei Erwachsenen und besonders bei Kindern und Jugendlichen. Aber warum kann es für unsere

Augen so schädlich sein, sich stundenlang auf etwas zu fixieren, das nah vor uns liegt, z. B. ein Bildschirm, ein Buch, eine Handarbeit etc.? Weil unsere Augen dafür gemacht sind, regelmäßig zwischen nah und fern hin und her zu wechseln. Die sind perfekt zugeschnitten auf ein Leben in der Steppe. Darauf, draußen unterwegs zu sein und unseren Blick immer wieder ganz natürlich schweifen zu lassen – in die Ferne und über Objekte in unserer Umgebung. Der beste Schutz vor Kurzsichtigkeit ist es daher, Zeit draußen im Tageslicht zu verbringen.[113]

Bei den bisher genannten Tipps geht es um viele kleine Verhaltensänderungen im Alltag, die sich gemeinsam jedoch spürbar auf deine Energiekosten auswirken können.

Darüber hinaus lohnt es sich, einmal darüber nachzudenken, ob es Bereiche in deinem häuslichen Alltag gibt, in denen dir eine Reduktion deines Verbrauchs vielleicht gar nichts ausmacht.

---

[113] Siebert (05.10.2015), o. S.

Suffizienz – oder die entscheidende Frage nach dem »Genug«

Der Begriff »Suffizienz« (latainisch »sufficere«, auf Deutsch »ausreichen«) steht für das Streben nach einem genügsamen und zufriedenen Leben mit minimalem Ressourcenverbrauch – oder, in unserem Fall, für das clevere und gezielte Reduzieren deines häuslichen Energieverbrauchs.

In den vergangenen Wochen haben wir ja bereits erkannt, dass nur jeder Mensch für sich allein entscheiden kann, was ihn persönlich bereichert. Welche Aspekte seines Alltags und welcher Komfort für ihn unverzichtbar sind und welche nicht. Und wo sich ein bewusster Verzicht – aus anderer Perspektive – vielleicht sogar als willkommene Entlastung entpuppen kann. So gibt es zum Beispiel Menschen, die sich bewusst dazu entscheiden, sich räumlich zu verkleinern (#Minimalismus, #Frugalismus, #Tinyhouse). Dadurch reduzieren sich sowohl ihre Fixkosten als auch ihre Klimaemissionen (bedingt durch den kleineren Wohnraum). Sie verschaffen sich mehr finanziellen Spielraum und müssen weniger Zeit in Hausarbeit investieren. Wie viel Raum du konkret benötigst, kannst natürlich nur du allein entscheiden.

Bewusst heizen

Beim Thema Heizen solltest du einfach ausprobieren, wie warm es in deiner Wohnung im Winter mindestens sein sollte, damit du dich noch wirklich wohlfühlst. Mit jedem einzelnen Grad, um das du deine Raumtemperatur drosselst, verringerst du deine Heizkosten nämlich um rund 6 Prozent.[114] 16 Grad sollten es jedoch mindestens zu jeder Tages- und Nachtzeit sein, und die Luftfeuchtigkeit darf auf Dauer nicht zu hoch liegen, damit sich kein Schimmelproblem entwickelt. Oder du heizt die Räume, in denen du dich viel aufhältst, etwas mehr und belässt andere etwas kühler (z. B. das Schlafzimmer, welches sowieso relativ kühl sein sollte). Achte jedoch darauf, dass die Wände deiner Wohnung niemals komplett auskühlen. Dann nämlich benötigt man deutlich mehr Energie, um die Wohnung wieder zu erwärmen und auf Idealtemperatur zu bringen. Darüber hinaus können bei anhaltend hoher Feuchtigkeit Luftentfeuchter Abhilfe schaffen. Hier ist jedoch auf energieeffiziente Modelle zu achten, damit ein solches Gerät deine Stromkosten nicht unnötig in die Höhe treibt.

---

[114] Vaillant.de (o. J.), o. S.

Raumwärme plus lokale Heizquellen: Statt deine komplette Wohnung auf tropische Temperaturen zu bringen, reichen vielleicht auch ein paar Grad weniger, ergänzt mit warmer Kleidung, Wollsocken beziehungsweise Hausschuhen, einer gemütlichen Kuscheldecke für den Fernsehabend auf der Couch – bei Bedarf in Kombination mit einer Wärmflasche oder Heizdecke.

Als im vergangenen Winter die Energie- und Strompreise in ungeahnte Höhen schossen, wurde es mir und meiner Familie mehr als mulmig, und wir wollten alles dafür tun, die Energierechnung für unsere schöne Altbauwohnung in einem erträglichen Rahmen zu halten. Das Problem: Die Voraussetzungen waren aus energetischer Sicht nicht gerade rosig. Die Wohnung liegt im dritten Stock direkt unterhalb eines ungedämmten Dachbodens und besitzt zudem sehr hohe Decken. Dadurch sammelte sich die Wärme oben an der Decke, während wir unten am Boden fröstelten. Geheizt wird mit ein paar alten Gasöfen, wobei mehrere Zimmer überhaupt keine Heizung besitzen. Natürlich hätten wir Heizlüfter kaufen und dort aufstellen können, aber das hätte unsere Stromrechnung wahrscheinlich stark erhöht. Stattdessen haben wir verschiedene Strategien angewandt: Wir senkten die Raumtemperatur um mehrere Grad ab, überwachten Temperatur und Luftfeuchtigkeit täglich per Thermometer und Hygrometer, um Schimmel vorzubeugen. Darüber hinaus kauften wir zwei Standventilatoren. Wir wählten bewusst ein Modell, das extrem wenig Strom verbraucht und sehr leise ist. Mithilfe der Ventilatoren konnten wir die Wärme aus den beheizten Räumen hervorragend in Bewegung bringen und in der gesamten Wohnung verteilen. Zudem haben wir Vorhänge innen vor unserer Haustür sowie an mehreren Fensterfronten angebracht, die wir am Abend zuzogen – was überraschend effektiv war. Falls vorhanden, kann man über Nacht auch die Rollläden herunterlassen. Ich habe mich beim Schreiben auf meinem Ohrensessel in eine Wolldecke eingekuschelt und es mir mit einer Wärmflasche gemütlich gemacht. Das alles hat super funktioniert und wir konnten unseren Heizbedarf und die damit verbundenen Kosten auf diese Weise deutlich senken. Trotzdem hatten wir keinesfalls das Gefühl, frieren zu müssen. Wir haben uns als Familie lediglich ein wenig umgestellt – was sich aus finanzieller und klimatechnischer Sicht extrem gelohnt hat.

Möglichkeiten für Mieterinnen und Mieter:

Du wohnst in einem unsanierten Altbau und spürst den Wind an deinen Fenstern und Türen hereinpfeifen? Mit Schaumstoff- oder Gummidichtungsband aus dem Baumarkt kannst du undichte Fenster und Türen unkompliziert abdichten und so Wärmeverluste reduzieren.

Möglichkeiten für WohnungseigentümerInnen

Falls du eine Immobilie besitzt, hast du deutlich mehr Gestaltungsfreiheit und Möglichkeiten, deren Energieeffizienz zu erhöhen, zum Beispiel durch

- energetische Sanierungsmaßnahmen wie eine emissionsarme Dämmung von Fassade und Dach,
- den Austausch fossiler Heizsysteme durch nachhaltige Alternativen, z. B. eine Wärmepumpe,
- die Erzeugung eigenen Stroms mithilfe von Solarkollektoren (Fotovoltaik),
- die Verwendung klimafreundlicher, ökologischer Baumaterialien (z. B. Holz) für Umbau- oder Neubaumaßnahmen.

Woche 9:

Die wichtigsten Erkenntnisse auf einen Blick

- Der mit riesigem Abstand größte Faktor hinsichtlich Emissionen und Energieverbrauch ist das Heizen unserer Wohnräume.

- Je größer unsere Wohnfläche, desto höher liegen die durchschnittlichen Emissionen unseres Zuhauses.

- Nicht überall, wo Ökostrom draufsteht, ist auch Ökostrom drin.

- Um Energiekosten und Emissionen zu reduzieren, können wir die Energieeffizienz von Wohnraum und Geräten erhöhen und unseren Energieverbrauch (Suffizienz) nach Möglichkeit drosseln.

GUT ZU WISSEN

1. Mind the heat – Der größte Teil unserer Klima- und Energiekosten zu Hause entsteht beim Erwärmen unserer Raumluft (Heizen), unseres Wassers (Duschen, Baden) oder geht auf Haushaltsgeräte zurück, mit denen etwas erwärmt wird (Waschmaschine, Trockner, Bügeleisen, Spülmaschine, Backofen, Herd oder Wasserkocher).

2. Ganze zwei Drittel unserer gesamten Energierechnung entfallen dabei in der Regel auf das Heizen unserer Wohnräume. Es lohnt sich also, beim Thema Wärme gezielt und sparsam vorzugehen und die Wärmeenergie, die du letztlich entfesselst, auch möglichst effektiv zu nutzen, zum Beispiel, indem du nur so viel Wasser im Kocher erhitzt, wie du für deine Tasse Tee tatsächlich benötigst.

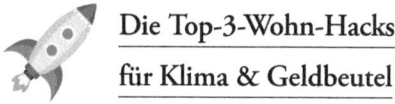

Die Top-3-Wohn-Hacks
für Klima & Geldbeutel

1. Wechsle zu echtem **Ökostrom** und reduziere so deine persönlichen Treibhausgasemissionen massiv!
2. Steigere deine **Energieeffizienz** (z. B. durch effektives Stoßlüften und den Austausch alter Glühbirnen).
3. Senke deinen Energieverbrauch durch gezielte **Suffizienzmaßnahmen** (z. B. das leichte Herabsenken der Temperatur beim Heizen und Duschen).

DEINE MISSION
IN DIESER WOCHE

Hole dir echten Ökostrom

Nimm dir am Wochenende eine Stunde Zeit, recherchiere auf www.oekotest.de bezahlbare und empfehlenswerte Ökostromanbieter und beantrage einen Wechsel.

A place called home

Statt automatisch immer mehr und mehr Wohnfläche anzustreben, die wiederum in immer mehr Hausarbeit, Energiekosten und Emissionen mündet, frage dich ehrlich, was du wirklich brauchst für ein glückliches und zufriedenes Leben. Was ist für dich essenziell, damit du dich rundum zu Hause fühlst? Und dann schaffe dir diesen Ort – eine wunderschöne, friedvolle Oase, in der dein Körper und dein Geist zur Ruhe kommen und neue Energie schöpfen können.

Dein persönliches Nest, in dem du dich sicher und geborgen fühlst, wo du ausgelassene Stunden verbringen kannst mit den Menschen und den Tätigkeiten, die dich erfüllen. Dabei können selbst kleine Räume Klarheit und Weite ausstrahlen.

Einen hilfreichen Impuls, wie wir uns einen Lebensmittelpunkt erschaffen, an dem wir Ruhe und Frieden finden, gibt der japanische Zen-Meister Shunmyō Masuno in seinem Buch »Zen. The Art of Simple Living« von 2019. Wollen wir innere Klarheit kultivieren, rät er dazu, zunächst im Außen Klarheit zu schaffen – zum Beispiel durch Aufräumen, Ordnen und Saubermachen.

In Zen-Tempeln putzen die Mönche jeden Morgen und jeden Abend. (…) Nicht nur, um den Tempel zum Glänzen zu bringen, sondern auch, um unseren Geist durch das Ordnen und Saubermachen zu klären. Mit jedem Schwung des Besens reinigen Sie Ihre Seele vom Staub. Mit jedem Schwung Ihres Putztuches leuchtet Ihr Herz heller.[115]

(Shunmyō Masuno)

---

[115] Masuno (2019), S. 29. Eigene Übersetzung.

Woche 10

VON MOBILITÄT UND MIKRO-ABENTEUERN

Das erste Mal seit Langem sitze ich endlich einmal wieder auf dem Meditationskissen. Mein Blick fällt durchs Fenster gegenüber. Auf eine weitläufige weiße Wolkenkomposition, die sich lasierend über einen strahlend blauen Himmel zieht. Durchkreuzt nur von den grafischen Kondensstreifen der Flugzeuge. Fliegen. Der Inbegriff von Freiheit. Fliegen in ferne Länder und Welten, um dem Alltag und seinen Sorgen zu entfliehen. Um aufzublühen, Neues zu entdecken und sich lebendig zu fühlen.

Die Art und Weise, wie wir uns durch die Welt bewegen, hat einen großen Einfluss auf unser Klima. Fest steht: Schon kleine Änderungen in unserem Mobilitätsverhalten können einen riesigen positiven Effekt haben auf unsere persönliche Klimabilanz.

Ein kleines Rechenbeispiel[116]

Stelle dir vor, du hast ab dem 1. Januar einen tollen neuen Job und …

1. … pendelst täglich 20 Kilometer mit dem Auto von zu Hause ins Büro und

---

[116] Umweltbundesamt (o. J.), CO_2-Rechner.

2. … gönnst dir mit deinem höheren Gehalt am Ende des Jahres eine Flugreise nach New York. Allein durch diese beiden Punkte erhöht sich dein jährlicher Klimafußabdruck im Vergleich zum deutschen Durchschnitt um **5,4 Tonnen CO_2**, mit anderen Worten um **49 Prozent**!

Wir erinnern uns: Wollen wir die Erderwärmung ernsthaft aufhalten, müssen wir unsere Emissionen über kurz oder lang auf rund 1 (!) Tonne CO_2 pro Person und Jahr reduzieren.

Mit anderen Worten: Gerade beim heiß diskutierten Thema Mobilität gilt es, ganz genau hinzusehen und ehrlich zu sich zu sein. Sofern wir vermeiden wollen, dass wir all unsere ernsthaften Bemühungen in anderen Lebensbereichen mit einem Schlag zunichtemachen.

Der Sonne entgegen

Genau wie beim Thema Konsum gilt auch beim Thema Mobilität der Zusammenhang: Je höher das Haushaltseinkommen ist, desto höher liegen im Durchschnitt die eigenen Emissionen – bedingt durch mehr und größere Autos, häufige Geschäfts- und

Freizeitreisen und ganz besonders durchs heiß geliebte Fliegen. Leider kollidieren Fernreisen per Flugzeug schmerzhaft mit unseren Bemühungen, die Erderwärmung aufzuhalten und so die Klimakatastrophe abzuwenden. Genau diesen wesentlichen Zusammenhang zwischen Fliegen und Klima betont auch Stefan Gössling, Experte für nachhaltigen Tourismus und Professor an der schwedischen Universität Lund in einem Interview 2021 mit dem Deutschlandfunk.

> **Es gibt keine menschliche Aktivität, die mehr Emissionen in so kurzer Zeit verursacht, und eine einzelne Flugreise kann ein Jahresbudget eines Durchschnittsmenschen schon überschreiten. Deswegen ist der Flugverkehr sehr relevant in der Klimafrage.[117]**
>
> (Stefan Gössling)

---

[117] Deutschlandfunk.de (19.05.2021), Interview mit Stefan Gössling.

GUT ZU WISSEN

Klimafaktor Fliegen[118]

Luxus pur: Schlappe 11 Prozent der Weltbevölkerung können es sich finanziell überhaupt leisten, irgendwohin zu fliegen.

Über 80 Prozent der weltweiten Flugemissionen werden durch Passagierflüge ausgelöst.

Größter Klimafaktor beim Thema Flugemissionen sind Langstreckenflüge. In Europa besitzen diese einen Anteil von 6,2 Prozent – verursachen jedoch rund 52 Prozent (!) aller europäischen Flugemissionen.

Die negative Wirkung des Flugverkehrs auf das Klima ist jedoch weit größer als dessen reine CO_2-Bilanz. Gerade in luftigen Höhen kommen sogenannte Nicht-CO_2-Effekte (z. B. durch die Bildung von Kondensstreifen, Ozon sowie Stickoxidemissionen) viel stärker zum Tragen, wodurch sich die klimaschädliche Wirkung von Flügen in Wirklichkeit verdoppelt.

---

[118] Nelles, Serrer (2021), S. 62 ff.

Dabei ist mir völlig klar, dass gerade die Punkte Flugreisen und das eigene Auto für viele Menschen absolute Reizthemen darstellen, die oftmals eng mit ideellen Werten wie Freiheit, Unabhängigkeit, Abenteuerlust sowie lang ersehnten Statussymbolen verwoben sind. Auch ich spüre eine große Sehnsucht in mir, neue Länder und Ecken der Welt zu erkunden.

Die Motive für unsere Mobilität

In dieser Woche möchte ich dich inspirieren, einmal offen und neugierig zu hinterfragen, wie du dich im Alltag und in deiner Freizeit durch die Welt bewegst. Und natürlich sollst du auch weiterhin deiner Lust nach Abenteuer, Abwechslung, Erholung und Entschleunigung frönen. Aber vielleicht gibt es ja interessante Möglichkeiten, genau diese Erlebnisse, nach denen du dich sehnst und die dich bereichern, ab heute stärker in deinen Alltag zu integrieren. Möglichkeiten, die dem Klima, deinem Geldbeutel und dir selbst auf unterschiedlichste Arten zugutekommen.

5-MINUTEN-AUFGABE: URLAUB NACH MEINEM GESCHMACK

Nimm dir dein Notizbuch zur Hand und beantworte folgende Fragen:

1. Welche zwei Punkte sind dir beim Reisen am wichtigsten (z. B. Erholung, Entschleunigung, Zur-Ruhe-Kommen, Auftanken, dich treiben zu lassen, Lebendigkeit zu erfahren, neue Orte und Kulturen zu entdecken, Begegnungen mit anderen Menschen, Natur zu erleben usw.)?

2. Was waren bisher deine zwei schönsten Reisen und warum?

Mobilität & Klima[119]

- Rund 21 Prozent (2,2 Tonnen) unseres persönlichen Klimafußabdrucks entfallen auf den Bereich Mobilität.
- Seit 1990 sind die weltweiten Emissionen des Verkehrssektors um 80 (!) Prozent gestiegen.

---

[119] Umweltbundesamt (o. J.), CO_2-Rechner.

- Bis 2050 soll sich der globale Güter- und Personenverkehr noch einmal verdreifachen.

Vergleichen wir einmal verbreitete Mobilitätsarten miteinander, die uns im Alltag hierzulande je nach Wohnort zur Verfügung stehen.

Laut Umweltbundesamt sind die drei Mobilitätsformen in Deutschland mit den höchsten Emissionen folgende:[120]

1. das Flugzeug
2. der Pkw
3. der geteilte E-Roller[121] (in urbanen Zentren verbreitet).

Weit geringere Emissionen verursachen im Vergleich dazu die öffentlichen Verkehrsmittel Bus und Bahn. Positive Spitzenreiter in der Klimabilanz sind Fortbewegungsarten wie Gehen, Radeln oder das E-Bike, bei denen wir selbst aktiv werden.

Ein paar Hintergrundfakten zu E-Rollern

Kleiner Nachtrag: Warum sind die angenehm leisen geteilten E-Roller, die sich mittlerweile überall im Stadtraum finden, bisher

---

[120] Umweltbundesamt (2023), o. S.
[121] Nelles, Serrer (2021), S. 55.

nicht so klimafreundlich wie gedacht?[122] Die Hälfte der Emissionen entsteht bereits durch die Herstellung der Bauteile, zum Beispiel des Aluminiumrahmens und der Lithium-Ionen-Akkus. Leider ist die Nutzungsdauer vieler Sharing-E-Roller oft nur überraschend kurz. Zum Aufladen müssen sie außerdem häufig hin- und hergefahren werden – was in den meisten Fällen mit Transportern erfolgt, die mit fossilen Kraftstoffen betankt werden.

Das Fazit: Ersetzen E-Roller Wege, die du sonst zu Fuß oder per Bus und Bahn meistern würdest, verursacht dies unnötige Emissionen. Wenn du jedoch per E-Roller durch die Stadt flitzt, statt dich in dein Auto zu setzen, macht das durchaus Sinn.

Mobilität aus eigener Muskelkraft

Schon in vorhergehenden Wochenkapiteln habe ich berichtet, dass ich nach Möglichkeit alle täglichen Wege dafür nutze, um mich zu bewegen, meinen Kopf freizubekommen und meinen Körper zu spüren. Ich liebe es, morgens Hand in Hand

---

[122] Quarks.de Online-Artikel: »E-Scooter: Darum ist ihre Klimabilanz gar nicht mal so gut.«

mit meiner Tochter zur Schule zu spazieren. Zu erleben, wie die Stadt erwacht, den Himmel, die Wolken und die kreisenden Taubenschwärme zu beobachten und den Rückweg – je nachdem, wie eng ich zeitlich getaktet bin – mit einem kleinen Morgenspaziergang zu verbinden. Oft schaffe ich das aus Zeitgründen auch nicht, aber jedes Mal, wenn es mir gelingt, den Tag so zu beginnen und durch kleine Phasen der Bewegung im Freien zu strukturieren, geht es mir gut und ich bin glücklich. Dann zählen letztendlich diese unspektakulären und doch innigen Momente draußen in Bewegung zu den echten Highlights meines Tages. Statt mir also wie früher irgendwelche strengen Sportroutinen oder Work-outs zu verordnen – zu denen ich mich letztlich fast nie aufraffen konnte oder die zeitlich doch immer unter den Tisch fielen –, folge ich heute stattdessen meiner Intuition, meiner Freude an der Bewegung und den Bedürfnissen meines Körpers. Mein Mobilitätsverhalten trägt einen großen Teil zu dieser neuen Lust am Lebendigsein und meiner derzeitigen Fitness bei. Der höhere Anteil an Mobilität aus eigener Muskelkraft hat meinen Alltag bereichert und mir zusätzliche Lebensqualität geschenkt. Früher fühlte ich mich oft schon ab dem Mittag erschöpft und abgeschlagen. Am Abend war ich prinzipiell komatös und nur noch in der Lage, lethargisch irgendwelche Serien zu glotzen. Für klassischen Sport war ich meistens viel zu müde. Heute hingegen fühle ich mich fast wie eine Raubkatze, die die frische Luft, die Natur, die Bäume und die Erde täglich nach draußen rufen. Ein Wesen, dessen Habitat die freie Wildbahn ist, das keinen einzigen Tag nur vor einem Schreibtisch verbringen sollte, sondern umherstreifen will und muss.

Ich war nur ein Mädchen in einem Käfig, das für den grenzenlosen Himmel gemacht war. Ich war nicht verrückt. Ich war eine gottverdammte Gepardin.[123]

(Glennon Doyle)

---

[123] Doyle (2020), Übersetzung von Sabine Längsfeld.

Viel mehr als nur Transportmittel

Vergangene Woche zum Beispiel habe ich mich am Nachmittag müde und gestresst auf mein E-Bike geschwungen, um zu einem geschäftlichen Termin zu fahren. Nach einer kleinen Auseinandersetzung mit meinem Mann fühlte ich mich angespannt und war zudem etwas spät dran. Ich setzte meine Sonnenbrille auf und radelte los in Richtung Innenstadt – über die grüne, baumgesäumte Bahntrasse, entlang der glitzernden Ruhr. Ich freute mich über das Zwitschern der Vögel, die Schafe, die auf einer Aue gemeinsam in der Mittagssonne faulenzten. Um mich herum Flecken goldenen Lichts, die beim Fahren warm über meine Hände und mein Gesicht flitzten. Nach nur zehn Minuten stellte ich überrascht fest, dass sämtlicher Ärger, Stress und die bleierne Müdigkeit komplett aus meinem System verschwunden waren. Durch meine Adern pulsierten Frische, Kraft und Lebendigkeit.

Boost für Fitness & Resilienz

Egal, ob klassisches Radeln oder Fahrten per E-Bike[124] – gemäßigte Bewegung, am besten mehrmals die Woche, kann Wunder bewirken. Laut einer Studie der Universität Zürich steigern aktive Mobilitätsformen wie Radeln oder Gehen die Vitalität, die Gesundheit und reduzieren unser persönliches Stresslevel signifikant.[125] Das Ergebnis: Wir sind prinzipiell leistungsfähiger, fühlen uns wohler, gelassener und entspannter.

Überraschenderweise ist Pedelec-Fahren offenbar ebenso gesund. Zwar fällt die sportliche Anstrengung hier kleiner aus, Fahrerinnen und Fahrer nutzen ihr E-Bike dadurch jedoch im Schnitt viel häufiger als ein herkömmliches Rad.[126]

---

[124] Quarks.de (02.08.2019), o. S.
[125] Ione et al. (2010), S. 7.
[126] Höchsmann et al. (2018), S. 255–265.

Bewegung ohne Stress

Dieses Phänomen kann ich aus eigener Erfahrung nur bestätigen: Bedingt durch mein chronisches Asthma habe ich früher bei starken Steigungen per Rad immer wieder Asthmaanfälle erlitten, vor allem wenn ich zu einem Termin unterwegs und spät dran war. Seit ich jedoch ein E-Bike besitze, nutze ich dieses viel öfter. Beim Pedelec-Fahren strenge ich mich durchaus an, sodass ich ins Schwitzen komme und mein Herz klopfen spüre. Trotzdem hatte ich seitdem keinen einzigen Asthmaanfall mehr beim Radeln. Durch die regelmäßige, entspannte Bewegung fühle ich mich heute im Vergleich deutlich fitter als früher, als ich mich oft lange Phasen hindurch kaum bewegt habe, da ich gesundheitlich so häufig angeschlagen war. Heute passe ich meine Bewegung einfach meinem Gesundheitszustand an. Wenn du also Gas geben willst und dich sportlich auspowern möchtest – nur zu! Falls jedoch entspanntere Bewegung besser zu dir, deinem Gesundheitszustand oder deinen Vorlieben passt, kann sich diese genauso positiv auf deinen Körper und deinen Geist auswirken.

Ode an das Zweirad

Gut fürs Klima, den Geldbeutel und dich – manche Ansätze lösen Probleme an mehreren Stellen zugleich. Regelmäßiges Radfahren kann deine körperliche und geistige Gesundheit massiv verbessern. Dafür musst du dich nicht einmal sportlich verausgaben und täglich Spitzenleistungen vollbringen. Schon gemäßigtes Fahrradfahren wirkt und trägt nachweislich zu einem gesünderen, entspannteren und ausgeglicheneren Leben bei.

Abenteuer Alltag

Heute verbuche ich Radfahren einfach als angenehme Art der Fortbewegung, durch die ich immer wieder neue Ecken in meiner Stadt entdecken kann. Zu Terminen am anderen Ende meiner Stadt fuhr ich früher zum Beispiel meist mit S- und U-Bahn. So erhielt ich von den Stadtteilen, an denen ich vorbeifuhr, jedoch kaum einen Eindruck. Mache ich solche Wege heute mit dem Rad, fühle ich mich manchmal wie bei einer Schnitzeljagd, die mich viele Viertel viel intensiver und hautnah erleben lässt. Vorbei an versteckten Hinterhöfen, historischen

Bergarbeitersiedlungen, imposanter Industriearchitektur und grün überwucherten Kulturlandschaften. Manchmal ist ein Weg auch versperrt und ich muss eine andere Route suchen, wodurch sich wieder neue Ecken offenbaren. Als wäre ich in einer fremden Stadt unterwegs auf eigene Faust, alle Sinne geschärft, voller Neugierde und Abenteuerlust. Genau die Portion Spontanität, die ich in meinem Alltag zuvor vermisst habe. Das Gefühl, sich weiße Stellen auf einer Landkarte nach und nach zu erschließen, wach und offen zu sein für das Leben und wie es sich im jeweiligen Moment entspinnt. Genau dieses Gefühl, diesen Flow des Abenteuers, liebe ich beim Reisen und Erkunden neuer Orte. Indem ich mich häufiger per Rad durch die Stadt bewege, haben solche Momente heute mehr Raum in meinem Alltag gefunden, und ich genieße es, mehr Zeit draußen zu verbringen.

Natürlich ist mir bewusst, dass nicht jede und jeder Zugang hat zu einem eng getakteten öffentlichen Verkehrsnetz und dass viele Menschen täglich weite Wege zurücklegen müssen, die sie bislang nur mit dem Pkw bewältigen können. Auch E-Bikes sind kostspielige Anschaffungen, die sich nicht jeder leisten kann (ich habe meines übrigens von meiner gesamten Familie zum Vierzigsten bekommen – das beste Geschenk ever!). Daher ist es wichtig, dass wir der Politik und den Kommunen Druck machen, vorhandene Infrastrukturen auszubauen, den öffentlichen Verkehr gerade im ländlichen Raum weiterzuentwickeln (z. B. durch mehr On-Demand-Angebote), ihn erschwinglicher zu machen und durch **multimodale Mobilitätslösungen** zu ergänzen. Warum? Damit mehr Menschen die Möglichkeit erhalten, klimafreundlicher, günstiger, gesünder und entspannter durch ihren Alltag zu navigieren.

Multimodale Mobilität

Im Gegensatz zur Nutzung eines einzigen Verkehrsmittels (z. B. des eigenen Pkw, der Bahn etc.) beschreibt der Begriff »multimodal« die Verwendung verschiedener Verkehrsmittel innerhalb eines Weges. Neue Apps und Onlineplattformen können bei der nahtlosen Verzahnung verschiedener Mobilitätsformen helfen (z. B. von Bus, Bahn, Leihrädern, -rollern, -E-Bikes und -autos).

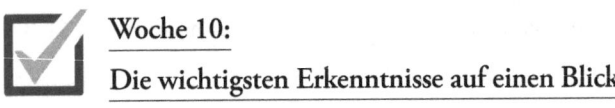 Woche 10:

Die wichtigsten Erkenntnisse auf einen Blick

Das Fazit des Reports »CO_2-Abdrücke im Alltagsverkehr« von 2020 des Umweltbundesamtes bringt die wichtigsten Zusammenhänge auf den Punkt.

> In vielen Sektoren lassen sich deutliche
> Fortschritte verzeichnen. Für den
> Verkehrssektor gilt das nicht. (…) Die
> Hauptgründe für den anhaltend hohen
> CO_2-Ausstoß im Verkehrssektor sind
> die Dominanz fossiler Kraftstoffe, die
> Zunahme der Fahrleistung, schwerere
> Fahrzeugmodelle im Personenverkehr sowie
> die steigende Zahl von Autos und Flügen
> im Personen- und Güterverkehr.[127]

---

[127] Umweltbundesamt (2020), S. 24 und S. 79.

Die Mobilitätswende wuppen, aber wie?

Um uns von fossilen Kraftstoffen zu lösen und dadurch unsere Klimaziele überhaupt erreichen zu können, benötigen wir ab sofort enorme Mengen an klimafreundlicher Energie sowie CO_2-neutraler Antriebs- und Kraftstoffe. Zwar existieren diverse Ansätze – von Biokraftstoffen über synthetische CO_2-neutrale Kraftstoffe bis hin zum Elektroantrieb durch Brennstoffzellen, Wasserstoff oder Batterien. All diese spannenden Ansätze liefern jedoch bisher keine einfachen erschwinglichen Alternativen für unser heutiges emissionsreiches Mobilitätsverhalten. Wollen wir unseren derzeitigen Energiebedarf im Sektor Verkehr wirklich auf klimafreundliche Art decken, ist es von größter Bedeutung, unser persönliches Mobilitätsverhalten zunächst einmal zu hinterfragen und dann entsprechend unseren individuellen Möglichkeiten sinnvoll umzugestalten.

 Folgende Strategien helfen dabei

- **Verkehr vermeiden** (z. B. Homeoffice-Tage sowie Onlinekonferenzen – statt wegen einzelner Treffen durchs ganze Land zu fahren oder zu fliegen). Laut einer

Untersuchung von Clausen, Schramm und Hintemann beträgt das Einsparpotenzial klimaschädlicher Emissionen pro Onlinemeeting satte 90 bis 99 Prozent![128]

- **Wege verkürzen** (gerade vor einem Umzug relevant: Wohnräume, die gut an den öffentlichen Verkehr angebunden sind und an denen sich Orte des täglichen Bedarfs (z. B. Bäcker, Supermärkte, Ärzte, Kindergärten, Schulen sowie Freizeiteinrichtungen) in direkter Nähe finden, verkürzen unsere täglichen Wege immens und machen uns unabhängiger vom eigenen Pkw).

- **Andere Mobilitätsarten nutzen oder untermischen:** Komplette Wege oder Teilstrecken verlagern vom eigenen Pkw (dem energieintensivsten Verkehrsmittel an Land) auf den öffentlichen Verkehr sowie die klimafreundlichen und gesunden Arten der Fortbewegung per Rad, E-Bike oder zu Fuß.

---

[128] Clausen, Schramm, Hintemann (2019), S. 7.

 ## Die Top-3-Mobilitäts-Hacks für deine Klimabilanz, deine Gesundheit und deinen Geldbeutel

1. Auf ins Abenteuer! Statt für deinen nächsten Urlaub das Flugzeug oder das Kreuzfahrtschiff zu besteigen, begib dich auf die Suche nach spannenden, reizvollen Orten, Regionen und Erlebnissen in dem Land, in dem du lebst, oder innerhalb Europas – per Auto, Zug, Fernbus oder Zweirad.

2. Vermeide nach Möglichkeit unnötige Wege, z. B. durch Homeoffice-Tage oder digitale Meetings und Gespräche.

3. Entspannte Bewegung als Chance zum Loslassen und Durchatmen: Lasse das Auto so oft wie möglich stehen und meistere alltägliche Wege oder auch nur Teilstrecken aus eigener Muskelkraft, z. B. durch Spazieren oder Radeln – bei Bedarf ergänzt durch öffentliche Verkehrsmittel.

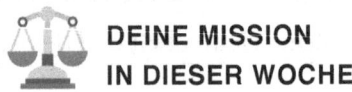

DEINE MISSION
IN DIESER WOCHE

Raus aus dem Hamsterrad – rein ins Leben

Nimm dir dein Notizbuch zur Hand und frage dich:

1. Welche Art der Bewegung (Gehen, Joggen, Radfahren, Skaten, E-Bike-Fahren etc.) liegt dir am ehesten und wie kannst du sie in den kommenden Tagen in deinen Alltag integrieren?

2. Wohin musst du in der kommenden Woche? Lassen sich manche Wege oder Teilstrecken durchs Radeln oder Spazieren ersetzen oder ergänzen?

3. Falls die Distanzen zu groß sind fürs Radfahren oder Laufen – kannst du zusätzlich öffentliche Verkehrsmittel nutzen, etwas früher aussteigen und das letzte Stück zu Fuß (oder z. B. mit dem Stadtrad) meistern? Wenn du keine Alternative zum Auto hast: Kannst du einen Teil des Weges zu Fuß laufen?

4. Achte darauf, was diese kleinen Bewegungseinheiten mit dir, deinem Stresslevel und deinem Wohlbefinden machen. Viel Spaß beim Experimentieren!

Rumtigern statt Funktionieren

Sorge ab heute für deine artgerechte Haltung und nutze notwendige Wege von A nach B maximal für dich, indem du sie mit Leben füllst: Mache die Zeit, in der du unterwegs bist, zu deiner Zeit, lockere dich nach Phasen der Tätigkeit gezielt auf und schöpfe neue Kraft und Lebensfreude. Nach der Devise: Raus aus dem Kopf, rein in deinen Körper – spüre dieses wundersame, magische Instrument, das dich befähigt, mit allen Sinnen lebendig zu sein. Schon fünf bis zehn Minuten mehr Pufferzeiten auf deinen täglichen Wegen können alles verändern: Statt nervenaufreibendem Hetzen von A nach B, Stau, Menschenmassen und Parkplatzsuche unter Zeitdruck kommst du in dieser Woche in Bewegung, wirst dabei Anspannungen los, lässt Seele und Körper von der Leine und atmest ein paar Momente der Freiheit.

Beachte: Bitte plane ausreichend Pufferzeiten ein, damit du deine Wege tatsächlich genießen kannst. Du hast das Gefühl, keine Zeit zu haben für unnötige Wegzeiten? Dann mache dir bewusst, dass du dir durch diese Art der Mobilität auf die Woche gerechnet sogar Zeit einsparen kannst. Denn durch regelmäßige

Bewegung können wir uns besser konzentrieren und effektiver und ausdauernder Leistung zeigen. Weitere Pluspunkte: Du trainierst deine Fitness, stärkst deine mentale Gesundheit und lädst Momente der Freude und Lebendigkeit in dein Leben ein.

Kürzlich war ich zu einem schicken Dinner bei meinem lieben Freund Frank eingeladen, für den das Radeln alles verändert hat. Als junger Mann erlitt er eine Knieverletzung und die Prognose, sein Leben lang unter Beschwerden zu leiden. Um Muskeln aufzubauen, die seine Kniegelenke entlasten würden, begann er, regelmäßig Rad zu fahren. Dieser schmerzhafte und unwillkommene Anlass weckte in ihm eine große Leidenschaft für diese Aktivität. Die Zeit draußen in der Natur schenkte ihm ein neues Gefühl der Lebendigkeit, das plötzlich deutlich mehr Raum in seinem Alltag erhielt. Als er regelmäßig radelte und immer fitter wurde, begann er irgendwann sogar, Fernreisen per Rad zu machen. Seitdem unternimmt er ein- bis zweimal jährlich ausgiebige Roadtrips per Rennrad. Dann stürzt er sich mit leichtem Gepäck und ohne Handy (!) von zu Hause aus ins Abenteuer und radelt, wohin es ihn gerade treibt (meist in Richtung Paris oder durch die Alpen). Für ihn sind diese Fahrten ins Blaue das perfekte Kontrastprogramm zu seinem Job als Manager. Nach jedem dieser einzigartigen Abenteuer stellt er ein neues Radfahrerfigürchen auf seine Kommode, auf der sich mittlerweile schon um die zwanzig davon befinden. Symbole seiner unvergesslichen Reisen durch ganz Europa, die ihm immer wieder vor Augen halten, was ihn zutiefst lebendig und glücklich macht.

> **Was es für mich bedeutet, mit dem Rad**
> **unterwegs zu sein?**
> **Maximale Entspannung und eine intensive**
> **Klarheit der Sinne.**
> **Nebenbei ist es das perfekte Heilmittel**
> **gegen meine Knieprobleme.**[129]
> (Frank Barz)

---

[129] Zitatquelle: Persönliches Gespräch im September 2023.

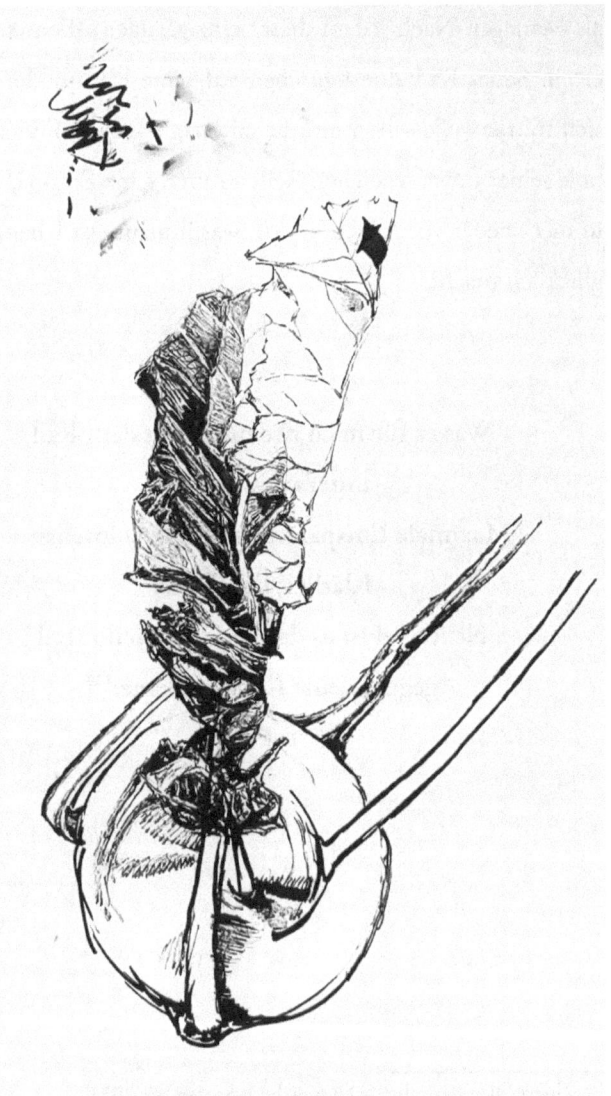

Woche 11

ACHTSAM ESSEN

Das Thema Ernährung ist so vielschichtig, dass ich es in diesem Buch in zwei verschiedenen Wochenkapiteln behandle: In Woche 11 verschaffst du dir einen Überblick, wie es mit der Klimabilanz unterschiedlicher Lebensmittel aussieht, die hier besonders zu Buche schlagen, und welche klimafreundlicheren Alternativen und Ernährungsstrategien du zur Verfügung hast. In Woche 12 streifen wir kurz die Klimabilanz beliebter Getränke und konzentrieren uns dann darauf, wie du Lebensmittel effektiver nutzt und dadurch wertvolle Ressourcen und bares Geld sparst.

Essen und Emotionen

Denke ich an das Essen meiner Kindheit, erscheint vor meinem inneren Auge sofort die Erinnerung an eine typisch fränkische Brotzeit: ein reich gedeckter Tisch mit zünftigen Frühstücksbrettchen aus Holz, einem frischen Laib Bauernbrot, dazu Butter und mannigfaltige Wurstwaren. Für mich und meine Familie sind das gemeinsame Essen und die gemeinsame Brotzeit immer der wichtigste Moment des Tages gewesen, um uns als Familie auszutauschen und miteinander ins Gespräch zu kommen. Genau das führen mein Mann und ich heute im Alltag gemeinsam mit unserer Tochter fort. Essen kann Erinnerungen, Sehnsüchte und die Sinne wecken. Es nährt unseren Körper und kann auch der Seele Nahrung geben und uns mit anderen verbinden. Darüber hinaus handelt es sich beim Essen und Trinken – im Vergleich zu vielen anderen alltäglichen Konsumentscheidungen – um existenziell notwendige Angelegenheiten. Was und wie wir uns ernähren, ist eng mit täglichen Gewohnheiten und Werten, unserer Identität und unseren Erinnerungen verwoben. Auch Gefühle können eine große Rolle spielen bei den Fragen, was wir essen und trinken und warum wir in einem Moment zu einem bestimmten Lebensmittel greifen. Verlassen wir einmal unsere persönliche Sphäre und betrachten das Thema Ernährung mit etwas Abstand, ergibt sich folgendes Bild: Die heutige Ernährungskultur in diesem Teil der Welt strotzt von Fülle und Überfluss. Während meine Großmutter als junge Frau den Zweiten Weltkrieg miterlebt hat und auf ihrer Flucht aus dem damaligen Schlesien noch hungern musste, habe ich im Supermarkt täglich die Wahl zwischen exotischen Leckerbissen und angesagten Superfoods aus aller Welt. Per Smartphone-App kann ich sogar mit wenigen Klicks und ohne zusätzliche Gebühren eine Lebensmittellieferung beauftragen, die mir schon am nächsten

Tag von ächzenden Lieferantinnen und Lieferanten bis an meine Wohnungstür in den dritten Stock geschleppt wird. Eigentlich alles perfekt – sollte man meinen. Aber gerade dieses vielschichtige Thema Ernährung hat es aus vielerlei Hinsicht in sich.

In den vergangenen fünfzig Jahren haben sich die Probleme rund um das Thema Ernährung verschoben. Während hier und heute weniger Menschen an Hunger leiden als zum Beispiel in der Kindheit meiner Oma, sind viele Bürgerinnen und Bürger heute gesundheitlich belastet durch neue Volkskrankheiten wie Diabetes, Herz-Kreislauf-Erkrankungen und Co. – Krankheitsbilder, die stark durch unsere Ernährung und unseren bewegungsarmen Lebensstil begünstigt werden. Gleichzeitig haben die Krisen der vergangenen Jahre sowohl die Lebenshaltungskosten als auch die Lebensmittelpreise in neue Höhen getrieben und die finanzielle Situation vieler Menschen verschärft. Gut für dich, das Klima und deinen Geldbeutel: Das Ziel dieser beiden Kapitel ist es, dir auf der einen Seite schmackhafte Nahrungsmittel aufzuzeigen, die gut für deine Gesundheit und das Klima sind, und dich auf der anderen Seite mit hilfreichen Alltagstipps zu versorgen, mit denen du Lebensmittel effektiver nutzen kannst.

Nahrung für die Seele

Wir leben in einer Kultur, in der sich die Taktung unserer Tage immer mehr beschleunigt. Diese Geschwindigkeit und die damit einhergehende Zerstückelung unserer Aufmerksamkeit prägen die Art, wie wir leben, was wir zu uns nehmen und wie wir unsere Mahlzeiten gestalten. So ist es für uns mittlerweile ganz normal, nebenher zu essen, während unser Geist weit weg mit völlig anderen Dingen beschäftigt ist. Meist sind wir tagsüber kaum mehr in Verbindung mit unserem Körper. Erst lautstarker Hunger, Durst, akute Müdigkeit oder andere körperliche Regungen erinnern uns daran, dass wir überhaupt einen Körper besitzen. Statt regelmäßige Pausen einzulegen, uns eine gute Mahlzeit aus frischen Lebensmitteln zuzubereiten und diese bewusst zu genießen, vertilgen wir zunehmend lieblose, industriell hoch verarbeitete Snacks to go, starren während des Essens abwesend auf einen Bildschirm und wursteln weiter.

Vorsicht bei hoch verarbeiteten Lebensmitteln

Der regelmäßige Verzehr von hoch verarbeiteter Nahrung steht in Verdacht, die großen Volkskrankheiten unserer Zeit (wie

Diabetes, Herz-Kreislauf-Erkrankungen sowie diverse entzündliche Krankheiten) massiv zu begünstigen und teils sogar auszulösen. Dazu zählen beispielsweise Fertiggerichte und Fertigsnacks, klassische Wurstwaren und leider auch viele vegane Wurst- und Fleischalternativen.

Am Ende eines langen Tages ohne echte Ruhe- und Genussmomente fühlen wir uns dann völlig ausgelaugt, erschöpft und unbefriedigt. Zu müde zum Einkaufen oder Kochen, ziehen wir uns – mit vor Unterzuckerung zittrigen Fingerchen – irgendetwas Essbares rein und implodieren auf der Couch. Wo wir bis tief in die Nacht kleben bleiben, uns per TV oder Onlinestreaming in die inszenierten Lebenswelten anderer Menschen einklinken, um am Ende dieses Tages endlich auch ein wenig Leben in uns zu spüren. Klingt irgendwie nach einem traurigen Teufelskreis, oder?

Wäre es nicht wesentlich smarter und effektiver, unsere Mahlzeiten zu nutzen, um Körper und Geist echte Nahrung zu geben, diese Momente bewusst zu zelebrieren und mit allen Sinnen zu genießen?

Nutze deine Mahlzeiten in dieser Woche als genussreiche Entspannungsoasen und Sinnesabenteuer. Wenn dein Körper die Fahne schwenkt, um dir zu signalisieren, dass es Zeit ist für etwas Leckeres und Nahrhaftes – erhöre ihn! Ergreife diese Gelegenheit, aus dem Sog deines Hamsterrades auszusteigen, aufzuwachen und dich und deinen Körper zu verwöhnen!

Worum aber geht es genau beim achtsamen essen, und mit welchen Perspektiven können wir dabei experimentieren? Im Europäischen Institut für Angewandten Buddhismus in Waldbröl, in der Tradition des Zen-Meisters Thích Nhất Hạnh, wird das gemeinsame Essen in Stille als eine Art der Meditation praktiziert. Beim Mittagessen wird dort täglich in feierlicher Atmosphäre folgender Text vorgetragen.

Die fünf Betrachtungen über das Essen

1. **Dieses Essen ist ein Geschenk** der Erde, des Himmels, unzähliger Lebewesen und viel harter, liebevoller Arbeit.

2. **Mögen wir in Achtsamkeit und mit Dankbarkeit essen,** damit wir dieses Geschenks würdig sind.

3. **Mögen wir unsere unheilsamen geistigen Formationen erkennen und transformieren,** insbesondere unsere Gier, und mögen wir lernen, genügsam zu essen.

4. **Mögen wir unserem Mitgefühl Ausdruck geben,** indem wir so essen, dass das Leiden von Lebewesen verringert wird, dass unser Planet geschützt wird und der Prozess der Erderwärmung umgekehrt werden kann.

5. **Wir nehmen dieses Essen an,** um unsere Gemeinschaft von Brüdern und Schwestern zu stärken und unser Ideal zu nähren, allen Lebewesen zu dienen.[130]

Als kleine Randnotiz: Der Begriff »Sangha« stammt aus dem altindischen Sanskrit und ist gleichbedeutend mit dem deutschen Wort »Gemeinschaft«.

Tiefes Schauen

Auch wir können unser Essen und Trinken durch die Brille der Achtsamkeit mit völlig neuen Augen betrachten und so tiefere,

---

[130] eiab.eu: Grundlagen der Praxis: Essmeditation, .o. S.

bereichernde Zusammenhänge entdecken. Stelle dir zum Beispiel vor, du machst eine Mittagspause und vor dir auf dem Teller liegt ein ordinäres Käsebrötchen. Lasse deinen Blick tiefer sinken und mache dir bewusst, was und wer alles an dieser Mahlzeit beteiligt gewesen ist. Während so viele Menschen auf der Welt heute gezwungen sind, zu hungern, liegt jetzt in diesem Moment dieses Brötchen für dich bereit. Ein kollektives Geschenk zahlreicher Menschen, Lebewesen und Ökosysteme. Eine Scheibe Käse und darunter Butter, gemacht aus der Muttermilch einer Kuh – irgendwo da draußen. Zahllose Hände, die an dieser Mahlzeit beteiligt gewesen sind: beim Säen, Anbauen, Ernten, Verarbeiten und Transportieren von Getreide, beim Kneten und Backen des Brötchenteigs. Menschen, die Futterpflanzen angebaut haben für die Kühe, aus deren Milch am Ende wieder andere Menschen Butter und Käse gemacht haben. Selbst ein Feuerball mit Namen Sonne in rund 150 Millionen Kilometer Entfernung hat zu deiner Mahlzeit beigetragen und ermöglicht, dass das Getreide für dieses Brötchen mithilfe von Sonnenlicht und Regen überhaupt wachsen und gedeihen konnte. Das ganze Universum vereint in einer unscheinbaren Käsestulle.

Essen mit allen Sinnen

Wenn es uns gelingt, während unserer Mahlzeiten präsenter zu sein, aktivieren wir unsere Sinne und werden mit mehr Genuss belohnt. Dieses Genießen macht es uns mit der Zeit immer leichter, uns aufzuraffen, um uns etwas Frisches, Reichhaltiges, Gesundes zuzubereiten. Achtsames Essen verbindet uns liebevoll mit unserem Körper, seinen Bedürfnissen und Empfindungen und begünstigt so einen maßvolleren, intuitiveren Umgang mit Nahrung. Warum? Weil wir Hungergefühle und Durst auf diese Weise früher realisieren und unseren Körper wohlwollend mit guter Nahrung versorgen können, statt seine Bedürfnisse zu ignorieren und dadurch Heißhungerattacken auf ungesunde Snacks zu provozieren. Zudem kultivieren wir durchs bewusstere Essen Dankbarkeit für unsere Nahrung und es fällt uns leichter, uns nur so viel aufzutun, wie wir wirklich essen möchten.

Fehlende Transparenz

In unserer globalisierten Lebensmittelindustrie umfasst die Herstellung eines einzelnen Lebensmittels gemeinhin viele Schritte, die rund um den Globus erfolgen und jeweils mit spezifischen Klimaemissionen einhergehen. Leider sind solche Lieferketten und die damit verbundenen Klimafolgen für uns Einzelne beim Einkaufen noch immer kaum nachzuvollziehen. Der Grund: Bis heute ist die Industrie nicht verpflichtet, zur Herkunft von Lebensmitteln umfassende Angaben zu machen.

Das Gurken-Dilemma

Im Alltag kann uns das Thema Ernährung also schnell überfordern. Klassisch zum Beispiel das Gurken-Dilemma: Wir stehen im Supermarkt und sind hin- und hergerissen zwischen der Entscheidung für eine konventionelle, jedoch unverpackte Gurke auf der einen und einer in Plastik eingeschweißten Biogurke auf der anderen Seite. Ökologische Grundsatzfragen, die uns viel Aufmerksamkeit und Nerven kosten und das Stressniveau beim Einkaufen spürbar erhöhen können. Doch das muss nicht sein. Statt uns zu verzetteln, sollten wir erst einmal klären, welche Faktoren und Fragen am stärksten in die Klimabilanz unserer Lebensmittel hineinspielen, und uns dann auf diese essenziellen Punkte konzentrieren. Dazu müssen wir uns zunächst einmal von dem recht vagen Begriff

»Nachhaltigkeit« lösen, um uns dem Thema Ernährung unter dem viel konkreteren Gesichtspunkt Klimaschutz nähern zu können.

Der Klimafußabdruck unserer Lebensmittel[131]

Die globale Lebensmittelindustrie verursacht mehr als ein Viertel des weltweiten Ausstoßes schädlicher Treibhausgase.

Wenn wir Menschen im Bereich Ernährung so weiteressen und wirtschaften wie bisher, werden uns allein die Emissionen der Lebensmittelbranche weit über unser 1,5-Grad-Ziel katapultieren. Im Jahr 2018 veröffentlichten Poore und Nemecek im renommierten Fachmagazin Science die bis dato umfassendste Meta-Analyse globaler Ernährungssysteme. Das überraschende Ergebnis:

Im Schnitt ist allein die <u>Bodennutzung</u> zusammen mit der <u>landwirtschaftlichen Produktion</u> für rund 82 Prozent der Gesamtemissionen eines Lebensmittels verantwortlich. Im Vergleich dazu schlagen Punkte wie Weiterverarbeitung, Transport, Verpackung und Verkauf aus Klimasicht kaum zu Buche.[132]

---

[131] Ritchie, Rosado, Roser (2022), o. S.
[132] Poore, Nemecek (2018), S. 987–992.

Lediglich 6 Prozent der Gesamtemissionen entfallen demzufolge durchschnittlich auf den Transport. Wie Lloyd Alter in seinem Buch »Living the 1.5 Degree Lifestyle« von 2021 jedoch entgegnet, könnten diese Emissionen in Wirklichkeit höher liegen. Warum? Weil man neben den gefahrenen Kilometern auch die Kühlung von Lebensmitteln während der Fahrt (meist mit dieselbetriebenen Kühllastern) in die Gesamtbilanz miteinbeziehen müsse. Aber selbst wenn sich die Transportemissionen dadurch verdoppeln würden, ändert das an den Gesamtverhältnissen kaum etwas. So lautet auch das Fazit eines Fachartikels von Hannah Ritchie, Senior Researcher der Plattform Our World in Data der Oxford University:

Die durch den Transport verursachten Treibhausgas-Emissionen machen nur einen sehr geringen Teil der Gesamtemissionen eines Lebensmittels aus. Was Sie essen, ist somit weitaus wichtiger als der Ort, von dem Ihre Lebensmittel stammen.[133]

---

[133] Ritchie (24.01.2020), o. S. Eigene Übersetzung.

Dieses Fazit hat mich wirklich überrascht. Bin ich doch seit Jahren davon ausgegangen, dass beispielsweise die Einkaufskriterien bio, saisonal, regional sowie die Art der Verpackung mindestens so stark in die Ökobilanz mit hineinspielen. Aber natürlich gibt es für diese Kategorien viele gute Gründe:

- **Bio** fürs Klima: Im direkten Emissionsvergleich zwischen ökologisch und konventionell angebauten Gemüse- und Getreidesorten schneidet »Bio« laut dem angesehenen Freiburger Öko-Institut ganz klar besser ab. So verursachten die konventionell angebauten Erzeugnisse im Schnitt je nach Getreide- und Gemüseart doppelt so viele Treibhausgase wie die Biowaren.[134] Darüber hinaus entlasten Biolebensmittel das Grundwasser und die Böden. Zudem sind sie ein wichtiger Beitrag im Kampf gegen das Insektensterben und für den Erhalt bedrohter Arten.
- Auch **saisonale und regionale** Lebensmittel machen absolut Sinn, da die Wahrscheinlichkeit, dass ein Lebensmittel vor dem Kauf um die halbe Welt transportiert und lange gekühlt werden musste, viel geringer ist. Außerdem

---

[134] Öko-Institut (2014), o. S.

schmecken saisonale Produkte oftmals besser und man unterstützt landwirtschaftliche Betriebe aus der Region.

Die Fülle unterschiedlicher, teils widersprüchlicher Empfehlungen für nachhaltiges Verhalten überfordert derzeit jedoch viele Menschen. In stressigen Lebensphasen fallen wir dann oftmals zurück in alte, über Dekaden verinnerlichte Konsummuster. Wenn wir also versuchen, uns an zu vielen Baustellen gleichzeitig abzuarbeiten, verzweifeln wir auf lange Sicht leicht an diesem kräftezehrenden Unterfangen. Daher ist es zielführender, sich an diesem Punkt erst einmal auf ein großes Thema zu konzentrieren. Und über all den zahlreichen und wichtigen ökologischen Themenkomplexen thront aus meiner Sicht das Klimathema. Daher fokussieren wir uns hier in diesem Buch auch auf die wichtigsten und effektivsten Punkte und Strategien, um der Klimakrise aktiv zu begegnen. Ich hoffe, die Lesenden sehen es mir daher nach, falls dieses Buch womöglich kein komplett ausgewogenes Bild sämtlicher Faktoren des riesigen Themenkomplexes Ernährung abbildet.

Mein Ziel mit diesem Ratgeber ist es ja gerade, die Spreu vom Weizen zu trennen und genau die Strategien herauszusieben, denen letztlich der größte Wirkungsgrad innewohnt. Warum?

Damit wir unsere kollektive Überforderung angesichts der Klimakrise endlich überwinden und ganz pragmatisch ins Handeln kommen – und genau an den entscheidenden Punkten ansetzen, die eine maximale Wirkung entfalten können.

Disclaimer / Eine wichtige Information vorweg

Bei der klimatischen Bilanzierung einzelner Lebensmittel handelt es sich um ein relativ ungenaues und vages Unterfangen. Der Grund: Die Gesamtwerte einzelner Produkte und Unternehmen können sich stark unterscheiden – je nach Herstellungsprozess, Anbauweise und zahlreichen anderen Faktoren. Die hier angeführten Zahlen sind daher nur als grobe Richtwerte zu verstehen, um den Klimafußabdruck einzelner Lebensmittel überhaupt miteinander vergleichen zu können.

Wie steht es also mit der Klimabilanz unserer täglichen Lebensmittel, und welche Produkte verursachen die höchsten Treibhausgasemissionen? Laut der Onlineplattform Our World in Data sind die Lebensmittel mit der schlechtesten Klimabilanz folgende:[135]

---

[135] Ritchie, Rosado, Roser (2022), Infografik.

Die emissionsreichsten Lebensmittel

1. Rindfleisch (mit großem Abstand)
2. Lammfleisch
3. Zuchtgarnelen
4. Käse
5. Schweinefleisch
6. Eier

Pflanzliche Nahrungsmittel, die höhere Emissionen verursachen, sind vor allem Tomaten (da sie meist in Diesel-beheizten Gewächshäusern angebaut werden) sowie exotisches Flugobst wie Ananas oder Avocados.

Konkrete Beispiele[136]

1 kg Rindfleisch aus klassischer Fleischerzeugung verursacht durchschnittlich

→ mehr als viermal so viele Treibhausgase wie 1 kg Käse.
→ zehnmal so viele Treibhausgase wie 1 kg Geflügelfleisch.

---

[136] Poore, Nemecek (2018), S. 987–992.

→ mehr als 30-mal (!) so viel an Treibhausgasen wie 1 kg Tofu!

Tofu? Aber sind Soja und vermeintlich nachhaltige Tofuschnitzel nicht verantwortlich für die Abholzung des Regenwaldes?

Das Soja-Missverständnis

Es stimmt, dass Soja vor allem im brasilianischen Amazonas angebaut wird und dafür Regenwald nachhaltig zerstört wird. Laut einer Studie des WWF Deutschland werden jedoch ganze 96,13 Prozent des international angebauten Sojas für die industrielle Tiermast und nur 3,87 Prozent zur Herstellung pflanzlicher Nahrungsmittel für menschliche Konsumenten verwendet.[137] Zudem stammt das Soja, das sich in unseren heimischen Supermärkten in Form von Tofu findet, oftmals aus der EU. Aus Klimasicht ist ein Tofuschnitzel daher eine viel bessere Wahl als ein herkömmliches Schnitzel – vor allem wenn es sich um ein Erzeugnis aus Soja handelt, das in der EU angebaut wurde.

---

[137] WWF Deutschland (2021), S. 26.

! Fakten & Zahlen zur Fleischindustrie[138]

→ 83 Prozent der Ackerflächen weltweit, auf denen Landwirtschaft betrieben wird, werden für die Produktion von Fleisch und Milchprodukten verwendet.

→ Die fünf größten Fleisch- und Milchkonzerne verursachen zusammen so viele klimaschädliche Emissionen wie Exxon, der größte Mineralölkonzern der Welt.

→ Fruchtbarer Ackerboden wird immer kostbarer. Warum? Weil die Weltbevölkerung stark anwächst und der Klimawandel durch Wüstenbildung, Überschwemmungen und Bodenerosion immer mehr Ackerflächen zerstört.

→ Würden die Länder des globalen Nordens weniger tierische Produkte essen, würden Flächenverbrauch und Emissionen der Landwirtschaft deutlich sinken.

→ Dies würde dem globalen Artensterben entgegenwirken. Durch den riesigen Flächenbedarf der Landwirtschaft und den immensen Einsatz giftiger Dünge- und Insektenvernichtungsmittel verlieren immer mehr Tierarten ihre natürlichen Lebensräume. Für den Erhalt

---

[138] Heinrich-Böll-Stiftung (2021), S. 22 f.

unserer Nahrungsketten sind gerade Insekten jedoch unersetzlich (z. B. für die Bestäubung von Pflanzen).

Hohe Klimabilanz tierischer Lebensmittel

Fakt ist: Aus Klimasicht verursachen tierische Produkte weit höhere Emissionen als pflanzliche Produkte. Warum?

1. **Intensive Landnutzung:** Die Erzeugung tierischer Proteine ist im Vergleich extrem ineffektiv. So muss in der Tiermast ein Vielfaches an pflanzlicher Nahrung verfüttert werden, für deren Anbau wiederum riesige Flächen fruchtbaren Ackerbodens beansprucht werden.

2. **Fiese Flatulenzen:** Durch Rülpsen und Pupsen entweicht Methangas aus den Mägen von Wiederkäuern wie Rindern, Ziegen und Schafen. Das Treibhausgas Methan wirkt etwa 25-mal stärker als Kohlendioxid (CO_2). Seit 2007 steigt der Methangehalt in der Atmosphäre stark an und befeuert die Klimaerwärmung zusätzlich.[139]

---

[139] Große (21.10.2019), o. S.

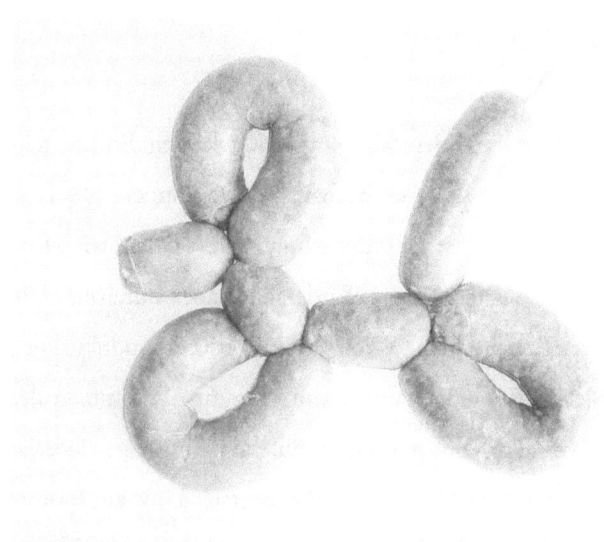

3. **Fossile Düngemittel:** In der Produktion von Futtermitteln für die Tiermast setzen konventionelle Betriebe meist auf synthetische Kunstdünger. Diese werden aus fossilem Erdgas hergestellt, das hohe Klimaemissionen verursacht.

4. **Der Mist mit dem Kuhmist:** Auch die Lagerung und Verarbeitung von Dung trägt zur schlechten Klimabilanz tierischer Lebensmittel bei.

Regionale Unterschiede

Es gibt Regionen auf der Welt, auf deren kargen Böden kein Getreide, Obst oder Gemüse angebaut werden können. Das Einzige, was dort gut wächst, ist oftmals nur Gras, von dem wir Menschen schwerlich satt werden, Wiederkäuer aber durchaus. Die Haltung von Tieren und die Verarbeitung tierischer Produkte können in solchen Regionen ganz wesentlich zum Auskommen der Menschen vor Ort beitragen. Die Empfehlung, weniger tierische Lebensmittel zu essen, bezieht sich also in erster Linie auf Industriestaaten wie Deutschland, wo pro Kopf fast dreimal so viel Fleisch konsumiert wird wie in den Entwicklungsländern dieser Welt.[140]

Pflanzliche Nahrung – effektiv & klimaschonend

Setzen wir hierzulande stärker auf pflanzliche Nahrung, funktioniert das meist völlig unkompliziert. Essen wir zum Beispiel doppelt so viel Gemüse, Obst und Nüsse, halb so viel Fleisch und ersetzen einen Teil tierischer Proteine durch pflanzliche,

---

[140] Heinrich-Böll-Stiftung (2021), S. 10.

haben wir keinerlei Mangelerscheinungen zu befürchten. Ganz im Gegenteil: Wie ernähren uns dadurch wesentlich gesünder und reduzieren unseren Klimafußabdruck zugleich deutlich.

Ein kleines Beispiel:

Bei derselben Menge an Proteinen verursacht Rindfleisch (aus klassischer Tiermast) in etwa 90-mal so viele Treibhausgase wie Erbsen, die zu den proteinreichen Hülsenfrüchten zählen. Um deinen persönlichen Fußabdruck spürbar zu reduzieren, musst du jedoch nicht automatisch zur Veganerin beziehungsweise zum Veganer werden. Es kann schon einen großen Unterschied machen, ein paar leckere Snacks und Mahlzeiten in deinen Speiseplan zu integrieren, die ohne tierische Produkte auskommen.

Gesund und klimafreundlich futtern

Die internationale EAT-Lancet-Kommission hat berechnet, dass wir rund 50 Prozent unserer ernährungsbedingten Emissionen einsparen können, wenn wir einfach nur deutlich weniger tierische Produkte verspeisen und rotes Fleisch und Meeresfrüchte

z. B. durch Geflügel und Fisch ersetzen. Um möglichst vielen Menschen diese Art der Ernährung schmackhaft zu machen, hat die EAT-Lancet-Kommission die sogenannte Planetary Health Diet entwickelt.[141]

 DIE PLANETARY HEALTH DIET

Derzeitige Ernährungsgewohnheiten tragen in hohem Maße zur Klimakrise sowie zu etlichen Volkskrankheiten wie Diabetes und Herz-Kreislauf-Erkrankungen bei. Mit der Planetary Health Diet stärkst du deine Gesundheit und schonst gleichzeitig Klima und Umwelt.

Vereinfacht sieht ein Teller bei der Planetary Health Diet folgendermaßen aus:[142]

- Der halbe Teller ist reich gefüllt mit Gemüse, Obst und Nüssen.

---

[141] EAT-Lancet Comission: The Planetary Health Diet (Webauftritt), o. S.
[142] EAT-Lancet Comission: The Planetary Health Diet (Webauftritt), o. S.

- Die andere Hälfte besteht aus Vollkorngetreide, pflanzlichen Proteinen (z. B. Hülsenfrüchte), ungesättigten Pflanzenölen, Milchprodukten, Geflügelfleisch, Eiern und Fisch in Maßen.
- Rotes und verarbeitetes Fleisch sowie Meeresfrüchte werden gemieden und leere Kohlenhydrate (z. B. in Form von Industriezucker oder weißem Weizenmehl) nur in geringen Maßen verzehrt.

Gibt es eine Tablette, die Herzinfarkte
und Schlaganfälle verhindert? Was können
wir uns einwerfen, um jährlich etwa elf
Millionen vorzeitiger Todesfälle weltweit zu
vermeiden? (…) Es ist unsere Ernährung.
Oral einzunehmen. Gäbe es eine Tablette
mit derartigen Gesundheitsvorteilen wie
die Planetary Health Diet, würde jeder Arzt
sie sofort verschreiben.[143]

(Eckart von Hirschhausen)

---

[143] von Hirschhausen (2021), S. 162.

Klingt interessant? Die Planetary Health Diet ist übrigens äußerst flexibel und lässt sich gut an deine individuellen Ernährungsvorlieben anpassen. Zum Beispiel indem du einfach öfter mal vegetarische oder vegane Mahlzeiten in deinen Speiseplan einbaust. Wenn du dir prinzipiell schwertust, dich zu einer gesünderen Ernährung aufzuraffen, kannst du dir das sogenannte **Nudging** zunutze machen. Nach diesem Prinzip präsentieren beispielsweise Supermärkte ihre Produkte und platzieren Quengelware prominent im Kassenbereich, was deren Attraktivität immens steigert. Wenn du zum Beispiel darauf achtest, dass du immer leckeres Obst und Gemüse sowie gesunde pflanzenbasierte Snacks zu Hause und in der Tasche hast, wird es dir viel leichter fallen, gesünder zu essen und nicht aus Verzweiflung und Unterzuckerung einfach irgendetwas zu verspeisen. Um innere Hürden noch mehr zu verringern, kannst du dir Obst und Gemüse auch schon vorab mundgerecht zuschneiden und griffbereit platzieren.

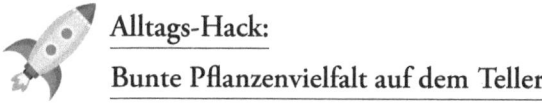 **Alltags-Hack:**
Bunte Pflanzenvielfalt auf dem Teller

Iss weniger tierische Produkte und lade stattdessen mehr buntes Obst, Gemüse, Nüsse, Saaten und Hülsenfrüchte in deinen Alltag ein. Sei mutig und abenteuerlustig. Versuche, während deiner Mahlzeiten präsent zu sein, alle Aromen und Ingredienzen herauszuschmecken, dir die Zeit zu schenken fürs Kauen, Schmecken und Genießen. Guten Appetit!

In seinem Buch »Tiere essen« verweist Jonathan Safran Foer 2010 darauf, dass wir beim Thema Ökologie und Klimawandel mehr erreichen können, wenn wir uns mit anderen zusammenschließen und dadurch kleine Veränderungen auf individueller Ebene bündeln. Dann könne radikaler kultureller Wandel schon aus kleinen gemeinschaftlichen Gesten entstehen, z. B. im Rahmen eines fleischfreien Tags in Kantinen, in der Mensa oder in unserem sozialen Umfeld.

> Wenn alle Amerikaner, sagen wir,
> donnerstags fleischlos zu Mittag essen,
> entspräche das dem Äquivalent von fünf
> Millionen Autos weniger auf der Straße.
> Das ist ein ganz großes Ding.[144]
>
> (Jonathan Safran Foer)

 **DEINE MISSION
IN DIESER WOCHE**

Achtsam essen mit Appetit

Experimentiere mit pflanzenbasierten Lebensmitteln und mache dich in den kommenden Tagen auf die Suche nach schmackhaften Leckerbissen.

1. Suche ein bis zwei vegane Brotbeläge und eine pflanzliche Butter (möglichst ohne konventionelles Palmöl), die dir wirklich gut schmecken. Als Brotbelag kann ich zum Beispiel Radieschenscheiben, Kresse, Schnittlauch sowie vegane Aufstriche empfehlen.

---

[144] Unfried (14.08.2010), Interview mit Jonathan Safran Foer, o. S.

2. Finde eine Pflanzenmilch, die dir im Müsli deiner Wahl (und vielleicht sogar im Kaffee) mundet.

3. Koche dir eine leckere vegane Mahlzeit nach deinem Geschmack. Wie wäre es z. B. mit einer Linsensuppe oder einem Curry (z. B. einem proteinreichen indischen Daal aus roten Linsen)?

4. Überlege, ob du in deiner Familie oder sonst wo in deinem sozialen oder beruflichen Umfeld den Vorschlag einbringen könntest, gemeinsam einen veganen beziehungsweise fleischfreien Tag einzuführen.

Ich wünsche dir viel Spaß bei deinen neuen kulinarischen Erkundungen. Wer weiß? Vielleicht stößt du ja überraschend auf ganz neue Lieblinge auf deinem Teller?

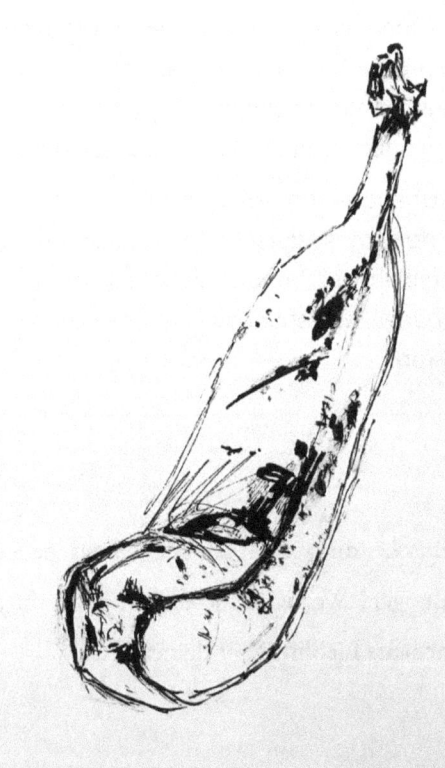

Woche 12

EFFEKTIVER ESSEN

Nachdem wir uns zuvor in Woche 11 erfolgreich durch den Dschungel grüner Ernährungsfragen gekämpft haben, wird es in dieser Woche umso praktischer. Als zentrales Thema erwartet dich die spannende Frage, wie wir Lebensmittel effektiver nutzen und auf diese Weise Ressourcen, Emissionen und bares Geld sparen.

Klimafreundlich trinken

Zuvor werfen wir jedoch einen kurzen Blick auf das Thema Getränke, das bei der Diskussion rund um klimabewusste Lebensmittel oftmals vergessen wird. Vergleichen wir einmal die Emissionen beliebter Getränke miteinander[145], fällt auf, dass erstens die Milch als tierisches Produkt den größten ökologischen Fußabdruck besitzt und zweitens das Getränk, welches bei

---

[145] Barmer.de (o. J.): CO_2-Rechner: Jetzt Bilanz Ihrer Einkäufe berechnen, basierend auf Durchschnittsdaten des ifeu-Instituts für Energie- und Umweltforschung Heidelberg von 2020. Die Werte dienen nur als grober Richtwert, da spezifische Rahmenbedingungen wie Herkunft oder Saison einen entscheidenden Einfluss auf die CO_2-Bilanz ausüben können. Die Werte zu den Getränken wurden von der Autorin zuvor auf übliche Trinkmengen heruntergebrochen.

Weitem die wenigsten Treibhausgase verursacht, unser Leitungs-wasser ist.

Es überrascht also nicht, dass sich durch die Beigabe von Kuhmilch die Klimabilanz einer Tasse Kaffee schnell einmal verdoppeln kann. Falls du vergangene Woche also noch keine schmackhafte Milchalternative hast finden können, lohnt es sich, in dieser Woche weiterzusuchen.

Langweiliges Leitungswasser?

Auch wenn sich viele Menschen erst einmal wenig für Leitungs-wasser begeistern können, sprechen viele gute Gründe dafür, öfter einmal zu einem Glas ordinärem Kranwasser zu grei-fen. Erstens kannst du dir zum Beispiel das nervige Schleppen gekaufter Flaschen oder Kästen und zweitens bares Geld sparen. Gegen PET-Flaschen spricht außerdem, dass sie in Verdacht ste-hen, gesundheitsschädigend zu sein – genauer gesagt, dass hor-monell wirksame Chemikalien aus der Plastikflasche ins Wasser übergehen könnten.[146]

---

[146] Wagner, Oehlmann, S. 278–286

Leitungswasser ist dir einfach zu langweilig? Dann fülle es morgens in eine schöne Karaffe, füge zum Beispiel ein paar Minzblättchen und Apfelscheiben hinzu und stelle es kühl. So hast du den ganzen Tag über ein erfrischendes, gesundes und unschlagbar günstiges Getränk zur Hand. Auch Wassersprudler bieten viele Möglichkeiten, Leitungswasser nach deinen Wünschen zu pimpen. Mittlerweile gibt es auch wunderschöne Flaschen für unterwegs, in die du dir dein leitungswasserbasiertes Getränk ganz einfach abfüllen und mitnehmen kannst.

---

[147] Ökotest.de (04.07.2020), o. S.

Kommen wir nun zu einem anderen, dennoch zentralen Punkt im Zusammenhang mit Ernährung und unseren Emissionen: dem Thema Lebensmittelverschwendung. Um Nahrungsmittel im Alltag effektiver zu nutzen und weniger Essen – und damit Geld und wertvolle Ressourcen – in die sprichwörtliche Tonne zu kloppen, reicht es nicht, dir ein paar theoretische Fakten zu Gemüte zu führen. Um hier Fortschritte zu machen, ist es entscheidend, auch praktisch loszulegen und mit neuen Routinen zu experimentieren. Daher ist der Sachteil dieses Kapitels bewusst etwas kürzer gehalten – damit du noch genug Zeit und Raum zur Verfügung hast, in dieser Woche Schritt für Schritt ins Machen zu kommen. Viel Spaß beim Ausprobieren.

Zu gut für die Tonne

Laut dem WWF-Report »Driven to Waste« aus dem Jahr 2021 werden weltweit nur 60 Prozent der hergestellten Lebensmittel verzehrt. Die restlichen 40 Prozent gehen demnach entlang der Wertschöpfungskette verloren. Die Verschwendung von Lebensmitteln, die zur Herstellung viel Energie und Wasser benötigen, große Mengen an Treibhausgasen verursachen und riesige Anbauflächen in Beschlag nehmen, befeuert die Klimakrise völlig unnötig. Heruntergebrochen auf Deutschland gehen rund **59 Prozent** (6,5 Mio. Tonnen im Jahr 2020) der jährlichen Lebensmittelabfälle auf das Konto der Privathaushalte.[148] Untersuchungen zeigen, dass dabei vieles im Mülleimer landet, was eigentlich noch gut und genießbar wäre. Gerade frisches Obst und Gemüse, Brot und Backwaren sowie Reste zubereiteter Speisen werden häufig zu früh entsorgt. Spannenderweise spielt dabei unser Alter eine Rolle: Je jünger die Menschen sind, die einen Haushalt führen, desto mehr Lebensmittel werden durchschnittlich verschwendet.[149]

Die Lagerung von Lebensmitteln

Die richtige Lagerung von Obst und Gemüse ist ein wichtiger Faktor für deren Haltbarkeit. So gehören beispielsweise Tomaten, Zitrusfrüchte und Bananen keinesfalls in den Kühlschrank. Äpfel wie auch einige andere Fruchtsorten verströmen Gase, die andere Obst- und Gemüsesorten schneller reifen beziehungsweise faulen lassen, und sollten daher nicht mit ihnen zusammen

---

[148] Bundesministerium für Ernährung und Landwirtschaft (21.06.2023a), o. S.
[149] Bundesministerium für Ernährung und Landwirtschaft (21.06.2023b), o. S.

gelagert werden. Deine Kartoffeln keimen zu schnell? Dann ist es ihnen vielleicht zu hell oder zu warm. Auch die verschiedenen Kältezonen innerhalb deines Kühlschranks eignen sich jeweils für spezielle Lebensmittel. Wenn du dir hier unsicher bist, informiere dich allgemein im Netz sowie konkret über dein Kühlschrankmodell und finde heraus, wo du welche Lebensmittel am cleversten darin lagerst.

Smarte Apps gegen Lebensmittelverschwendung

Neben einem achtsameren Umgang mit deinem Essen kannst du dich auch anderweitig für die Rettung von Lebensmitteln engagieren. In den vergangenen Jahren haben sich rund um dieses Thema eine Vielzahl von Communitys und Plattformen gegründet und Apps entwickelt, die ganz unterschiedliche Aspekte des Themas anvisieren. Sie können dich im Alltag bei der Lebensmittelrettung unterstützen, zum Beispiel, indem sie dir in Echtzeit verraten, wo du übrig gebliebene Lebensmittel aus dem Handel oder der Gastronomie günstig abholen kannst, oder indem sie dich mit Inspirationen zu Resterezepten und Tipps zur Lagerung von Lebensmitteln versorgen.

Foodsharing

Foodsharing.de lautet die kostenlose Onlineplattform des gleichnamigen gemeinnützigen Vereins, der seit dem Jahr 2012 aktiv ist. Über dessen Website sind bereits mehr als 500 000 Menschen in Deutschland, Österreich und der Schweiz miteinander vernetzt, um übrig gebliebene Lebensmittel von ProduzentInnen und aus dem Handel zu retten. Dazu werden Produkte abgeholt und über sogenannte Fairteiler – Kühlschränke und Regale im öffentlichen Raum – mit anderen Bürgerinnen und Bürgern geteilt. Gerade für Menschen, die bei der Auswahl ihrer Lebensmittel recht flexibel sind und vor allem günstig an Lebensmittel kommen möchten, eine überaus spannende Initiative.

App »Zu gut für die Tonne«

Diese App des Bundesministeriums für Ernährung und Landwirtschaft (BMEL) liefert zahlreiche Resterezepte sowie hilfreiche Tipps zur optimalen Lagerung, um die Haltbarkeit deiner Lebensmittel zu maximieren.

App »Too good to go«

Zahlreiche Restaurants, Bäcker und andere gastronomische Betriebe stellen mittlerweile ihre übrig gebliebenen Lebensmittel im Rahmen vergünstigter Überraschungstüten bei dieser Smartphone-App ein. Praktisch: Die App benachrichtigt dich, sobald neue Überraschungstüten in deiner Nähe erhältlich sind.

Etepete

Lieferservice für krumme Dinger: Etepete bietet auf seiner Website Obst- und Gemüsekisten aus fairer und ökologischer Landwirtschaft. Der Clou: Es handelt sich dabei um nicht normgerechte Produkte, die in witzigen, besonderen Formen daherkommen. Statt das skulpturale Obst und Gemüse deswegen unterzupflügen oder lieblos zu entsorgen, versendet Etepete die geretteten Waren als regelmäßige Vitaminlieferung direkt an ihre Kundschaft.

Es erscheinen stetig neue Apps und Plattformen rund um das Thema Lebensmittelverschwendung auf der Bildfläche, während andere nach einiger Zeit wieder verschwinden. Mit einer kleinen Internetrecherche (zum Beispiel unter dem Suchbegriff »Lebensmittelverschwendung Apps«) kannst du dich bei Bedarf schnell und unkompliziert über aktuelle Anbieter informieren.

5-MINUTEN-AUFGABE: SMARTE FOOD-SAVING-IDEEN

Welche dieser Plattformen und Apps passt am besten zu deinen individuellen Bedürfnissen? Die korrekte Lagerung, Resterezepte oder Essensrettung von übrig gebliebenen Waren aus dem Handel? Experimentiere mit einer der oben genannten Plattformen oder suche dir im Netz eine entsprechende Alternative und werde aktiv. Viel Spaß beim Ausprobieren!

Smarte Kochtipps

Übrig gebliebene **Reste** von Nudeln, Reis, Kartoffeln & Co. lassen sich am Folgetag wunderbar zu einer schnellen Mahlzeit verarbeiten. So kannst du aus einem solchen Rest zusammen mit etwas Gemüse in null Komma nichts ein feines Bowl-Gericht, einen sättigenden Salat, ein schnelles Reste-Curry oder zusammen mit etwas veganem Aufstrich einen bunten Reste-Wrap zaubern.

Hilfreich können beim Kochen schneller Gerichte auch **Gewürzmischungen** sein, die es mittlerweile auch in bio, ganz ohne Geschmacksverstärker, Konservierungsmittel und andere ungesunde Zusatzstoffe gibt. Zusammen mit etwas **Pflanzenmilch**, Knoblauch und Zwiebeln lassen sich damit schnell und unkompliziert cremige Soßen herstellen – ganz ohne Sahne und Co.

Foodtrend Meal-Prepping

Wenn du das nächste Mal am Herd stehst, koche doch gleich die doppelte Menge und friere die zweite Hälfte ein (bis drei Monate haltbar). So hast du ein gesundes, leckeres und schnelles Gericht zur Hand, das du morgens schon zum Auftauen in den Kühlschrank legen kannst. Das Beste: Selbst gekochte Mahlzeiten sind oft viel günstiger und gesünder als industriell hoch verarbeitete Gerichte. Du interessierst dich für klimabewusstes Vorkochen, um beispielsweise öfter selbst gekochtes Essen zu genießen – ohne jeden Abend am Herd stehen zu müssen? Dann recherchiere im Netz die Suchbegriffe veganes Vorkochen oder Vegan Meal Prep. Oder noch besser: Du verabredest dich am Wochenende mit Freundinnen und Freunden zum gemeinsamen Vorkochen, bei dem ihr eure finalen Gerichte untereinander austauschen könnt. So kannst du die Auswahl unterschiedlicher Mahlzeiten erhöhen, aus dem Vorkochen ein unterhaltsames Gemeinschaftserlebnis machen und während der Woche gesünder, günstiger und stressfreier leckeres Essen auf deinen Tisch bringen.

Müsli – günstig, gesund und nahrhaft

Im Kontext klimafreundlicher, unkomplizierter und kostengünstiger Snacks vereint Müsli beziehungsweise Porridge aus Vollkornflocken viele positive Eigenschaften: Es ist günstig, gesund, macht lange satt, ist schnell zubereitet und lässt sich bestens vorbereiten.

 **TIPP**

Am günstigsten und gesündesten ist es, wenn du dir dein Müsli selbst zusammenstellst, auf zuckerhaltige Fertigmischungen verzichtest und stattdessen die Süße frischer Früchte nutzt. Je nach Bedarf kannst du gezielt auch ein wenig durch das Beimischen von Trockenfrüchten nachsüßen (z. B. mit Rosinen oder Aprikosenstücken). Wenn du dann noch die Milch durch Pflanzenmilch ersetzt, hast du eine tolle vegane Mahlzeit mit hervorragender Klimabilanz.

Alles, was du dafür benötigst:

- Vollkornflocken deiner Wahl (z. B. Hafer, Dinkel, Buchweizen, Teff)
- Etwas Obst oder Obstreste (am besten passend zur Saison und kein exotisches Flugobst)
- Pflanzenmilch nach Geschmack
- Nüsse und Saaten nach Wahl

Zum Appetitanregen zwei schnelle Rezeptideen:

Apfel-Zimt-Müsli mit Rosinen

Vermische Getreideflocken mit ein paar Rosinen und füge etwas Pflanzenmilch hinzu. Reibe einen Apfel darüber (möglichst bio, dann kannst du die vitaminreiche Schale guten Gewissens mitverwenden). Garniere dein Müsli mit 1 TL geschroteten Leinsamen und 1 EL Kürbiskernen. Gib noch einen Spritzer Milch und einen Hauch Zimt darüber – fertig!

Lila trifft Gelb: warmes Blaubeer-Birnen-Porridge

Vermische Getreideflocken mit Pflanzenmilch und einer Hand voll Blaubeeren in einem Topf. Erhitze alles langsam unter regelmäßigem Rühren. Schneide eine halbe Birne in kleine Stücke, gib dein warmes lila Blaubeer-Porridge in eine Schüssel und garniere es mit den Birnenstücken sowie 1 TL Leinsamen und einem 1 EL Kürbiskernen. Für zusätzliche Süße sorgen bei Bedarf zum Beispiel ein paar dekorative Scheibchen getrocknete Feige.

Gesund & lecker: heimische Superfoods

Leinsamen und Kürbiskerne gelten durch ihren hohen Gehalt an Nährstoffen zu Recht als pflanzliche Superfoods und können diverse Mahlzeiten aufwerten: Leinsamen sind reich an Proteinen, Ballaststoffen und ungesättigten Fettsäuren wie Omega-3 und Omega-6. Aber Achtung: Mehr als einen TL täglich solltest du nicht verzehren und zudem auf geschrotete Leinsamen setzen. Kürbiskerne überzeugen durch ihre nussige Note und sind voller Proteine, Zink, Magnesium, Eisen, Selen sowie einer Vielzahl von Vitaminen, Nährstoffen und ungesättigten Fettsäuren.

Clevere Essensplanung

Vorräte anlegen: Sorge dafür, dass du einen gewissen Vorrat deiner liebsten Grundnahrungsmittel zu Hause hast. Dadurch kommst du seltener in die Situation, vor dem Kochen noch extra einkaufen zu müssen, was oftmals stressig sein kann. Stattdessen kannst du im Kühlschrank schauen, welche frischen Lebensmittel verarbeitet werden sollten, und diese durch Grundnahrungsmittel aus deinem Vorratsschrank ergänzen.

Kühlschrank-Check

Um weniger Lebensmittel wegschmeißen zu müssen, wirf regelmäßig am frühen Abend einen Blick in deinen Kühlschrank. Suche gezielt nach Lebensmitteln, die noch verzehrbar sind, aber vermutlich nicht mehr lange halten. Dann plane sie dir fest als Mahlzeit für morgen ein oder verwerte sie direkt. Im Notfall kannst du sie auch luftdicht einfrieren:

Schneide Brot dafür in Scheiben, wasche Obst und Gemüse, schneide es klein und friere dann alles in wiederverschließbaren Behältern ein.

Obstreste kannst du in den kommenden drei Monaten hervorragend mit Getreideflocken zu einem warmen Müsli oder Porridge verarbeiten.

Auch Tiefkühlgemüsereste eignen sich super, um damit schnelle gesunde Gerichte zu zaubern (z. B. zusammen mit Reis- oder Nudelresten).

Reste-Smoothie als Vitaminbombe: Sehr reifes Obst, minimal labbriger Salat oder Gurke, die als Rohkost nicht mehr appetitlich erscheinen, aber noch verzehrbar sind, musst du nicht entsorgen. Schnipple sie einfach klein, friere sie bei Bedarf ein und mache dir daraus bei Gelegenheit einen gesunden Smoothie, z. B. aus grünem Salat, Gurke, frischem Ingwer, Staudensellerie, Apfel oder Obstresten, 1 TL geschroteten Leinsamen und 1 EL Kürbiskernen. Für zusätzliche Nährstoffe sorgen 1 TL geschälte Hanfsamen und 1 TL Gerstengraspulver (siehe aufgedruckte Dosierungsanleitung).

Nicecream: Reste von Bananen eignen sich hervorragend, um sie – ganz ohne Eismaschine – zu leckerer selbst gemachter Eiscreme zu verarbeiten. Schneide die Bananen dafür in kleine Stücke und lasse sie gefrieren. Wirf die gefrorenen Stücke in den Mixer, um daraus ein cremiges Eis zu zaubern, das du nach Belieben mit weiteren Zutaten kombinieren kannst

(z. B., indem du vor dem Mixen eine Handvoll gefrorener Beeren oder geröstete Nussstückchen oder eine kleine Prise Zimt, Vanille oder Kardamom hinzugibst).

Ab in die Tonne

Hat Obst oder Gemüse jedoch faulige Stellen, schneide diese großzügig weg und entsorge schimmelige Produkte komplett.

Mindesthaltbarkeitsdatum (MHD)

Ist ein verpacktes Lebensmittel noch ungeöffnet und wurde es korrekt gelagert, kann es auch nach Ablauf des MHD oftmals noch verzehrt werden. Die Voraussetzung: Das Produkt sieht noch normal aus (z. B. wölbt sich die Verpackung nicht nach außen), das Produkt riecht und schmeckt ganz normal und lecker. Vertraue beim Geschmackstest auf deine Sinne.

Verbrauchsdatum

Anders verhält es sich dagegen beim sogenannten Verbrauchsdatum (Aufdruck »zu verbrauchen bis«), das sich manchmal auf

Lebensmitteln findet. Aus gesundheitlichen Gründen solltest du ein Produkt nicht über das angegebene Verbrauchsdatum hinaus verzehren.

Leckerbissen in deiner Umgebung

Du kochst selten und isst oft außer Haus? Dann begib dich auf eine kulinarische Reise und suche dir ein bis zwei vegane Mahlzeiten und/oder Snacks in deiner Umgebung, die du wirklich lecker findest. Falls du in deiner Nachbarschaft kein veganes Essen erhältst, gibt es vielleicht einen Lieferdienst, der leckere Köstlichkeiten klimaschonend per Fahrrad zu dir bringt?

 Woche 11 & 12:
Die wichtigsten Erkenntnisse auf einen Blick

- Aus gesundheitlicher Perspektive verzehren wir in Mitteleuropa heute zu viele tierische Produkte und speziell rotes Fleisch, zu viel Zucker sowie prinzipiell viele hoch verarbeitete Lebensmittel, die zwar massig Kalorien besitzen, aber zugleich wenig nahrhaft sind und unserer Gesundheit schaden können.

- Win-win: Essen wir dem Klima zuliebe weniger tierische Lebensmittel und setzen stärker auf pflanzenbasierte, möglichst unverarbeitete Nahrung, profitiert auch unsere Gesundheit nachhaltig.

- Dazu musst du gar nicht komplett auf Fleisch, deine Lieblingsspeisen oder -getränke verzichten. Vielmehr geht es darum, tierische Produkte seltener und dafür bewusster zu genießen (das Sonntagsbraten-Prinzip) und dich zugleich neuen geschmacklichen Abenteuern zu öffnen.

- Indem du achtsamer und ein wenig strukturierter einkaufst, kochst und isst, kannst du einer Lebensmittelverschwendung vorbeugen und dadurch viel Geld und Emissionen einsparen.

 ### Die Top 3 der effektivsten Ernährungs-Hacks, mit denen du deinen Klimafußabdruck am deutlichsten verringerst

1. **Gesund, günstig, lecker:** Konsumiere weniger tierische Produkte und Flugwaren und dafür mehr Obst, Gemüse, Hülsenfrüchte, Nüsse und Saaten (wenn du es dir leisten kannst, in Bio-Qualität, passend zur Saison und aus deiner Region).

2. Wenn du Fleisch isst, gib Geflügel und Fisch den Vorzug gegenüber rotem Fleisch und Meeresfrüchten.

3. Effektiver Essen: Gehe achtsamer und strukturierter vor beim Einkaufen, Kochen und Essen und rette Lebensmittel vor der Mülltonne.

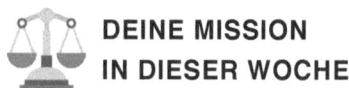 **DEINE MISSION IN DIESER WOCHE**

Effektiver essen mit System

1. Plane deine Mahlzeiten nach Möglichkeit vorab. Kaufe und koche nur genau so viel, wie du wirklich benötigst. Bist du tagsüber unterwegs, richte dir am Vorabend liebevoll dein Essen (z. B. Rohkost und Obst, das verwertet werden muss, als Snack, ein Müsli, dein Mittagessen).

2. Kühlschrank-Check: Trage dir jetzt einen wiederkehrenden frühabendlichen Kühlschrankcheck von 5 Minuten ein, bei dem du alle Lebensmittel darin plus deine Obstschale kurz sichtest. So vermeidest du, dass Dinge unbemerkt vor sich hin kompostieren und du Reste übersiehst.

3. Finde heraus, wovon du unnötig viel wegschmeißt, und experimentiere mit passenden Lösungsansätzen,

z. B., indem du bewusst kleinere Mengen an Backwaren kaufst, Brot geschnitten einfrierst und nur
scheibenweise auftaust oder dir gezielt Input holst –
z. B. mithilfe einer passenden App zum Thema Resterezepte.

Viel Erfolg und Spaß beim Experimentieren!

Eat and drink with your whole heart.[150]
(Shunmyō Masuno)

Iss und trink aus ganzem Herzen (eigene Übersetzung).

---

[150] Masuno (2019), S. 36.

Outro: Raise your voice

Mut zur Lücke statt Perfektion: Unser individueller Lebensstil ist stark von äußeren Strukturen geprägt, die es dringend zu transformieren gilt, um der Klimakrise angemessen zu begegnen. Nie war es daher wichtiger, unserer Stimme als Bürgerinnen und Bürger Gehör zu verleihen und die Politik und die Wirtschaft stärker in die Verantwortung zu nehmen. Damit der Wandel, den wir im Kleinen anzustoßen vermögen, zum Auslöser einer größeren Transformation werden kann, die uns Menschen den Weg in eine positivere, hoffnungsvollere Zukunft ebnet. Mehr als je zuvor braucht es jetzt neugierige, mutige und beherzte Menschen, die nicht länger darauf warten, dass andere den ersten Schritt machen. Menschen, die ihre Ärmel hochkrempeln und einfach machen, ausprobieren, sich austauschen, einander Mut machen und diesen wunderschönen Wandel mittragen und mitgestalten. Nicht weil sie müssten oder es ihnen verordnet wird – sondern weil es richtig ist und wichtig.

Planetarer Burn-out

Die heftige Zäsur eines Burn-outs kann uns dazu bringen, unser persönliches Leben radikal zu hinterfragen. Achtsamkeit kann dabei helfen, unbewusste, über lange Jahre verinnerlichte Denk-, Verhaltens- und Konsummuster Schritt für Schritt aufzubrechen und sie in unserem Sinne umzuschreiben. Eine einschneidende Krise als wichtiger Impuls, der uns vor Augen führt, wie es uns wirklich geht, wo wir stehen und wonach wir uns im Grunde unseres Herzens sehnen. Und dann krempeln wir die Ärmel hoch und errichten uns ein neues Leben.

Genauso können wir die Klimakatastrophe, unsere wachsende Krisenmüdigkeit und Hoffnungslosigkeit über all die Probleme da draußen als kollektiven planetaren Burn-out betrachten.

Aber wer weiß? Vielleicht sind die vielfältigen Herausforderungen im Kampf gegen den Klimawandel ja genau der karge und doch fruchtbare Boden, der uns lange vergessene Samen tiefer Zufriedenheit und des kleinen Glücks neu entdecken lässt. Samen, die wir gemeinsam pflanzen und zur vollen Blüte bringen.

Wie wir konkret vorgehen können?

1. Indem wir bei uns selbst und in unserem Alltag ansetzen und unseren persönlichen Fußabdruck an den entscheidenden Stellen verkleinern.

2. Indem wir uns aktiv mit gleichgesinnten Menschen zusammenschließen, austauschen und unsere Kräfte bündeln.

3. Indem wir als mündige und engagierte Bürgerinnen und Bürger alle uns zur Verfügung stehenden Mittel nutzen, um Politik und Wirtschaft immer wieder vor Augen zu halten, was uns wichtig ist. Dass wir bereit sind und entschlossen, alle Veränderungen mitzutragen, die sicherstellen, dass wir und unsere Nachkommen noch lange gut und gerne auf dieser wundersamen lebendigen Erde leben können.

Wenn wir klimaschädliche Privilegien abschaffen, wird Klimaschutz billiger. Und wenn wir außerdem die wahren Kosten des Umwelt- und Klimaschutzes fair einpreisen, zahlen die Verursacher, nicht die Allgemeinheit.[151]

(Prof. Dr. Claudia Kemfert)

---

[151] Wille (19.09.2019), Interview mit Claudia Kemfert.

Im Auge des Sturms

Um Depressionen und Burn-outs zu überwinden, sind Wachheit und Wohlwollen uns selbst gegenüber der Schlüssel – mit anderen Worten eine Haltung der Achtsamkeit, die uns gerade in stürmischen Zeiten Klarheit, Ruhe und Kraft schenken kann. Achtsamkeit als Grundstein einer neuen Art des Zusammenlebens und Handelns, um unser Leben im Kleinen und Großen neu zu denken. Und egal, wie groß sich der Berg an Herausforderungen vor uns auch auftürmen mag – wir Menschen haben die außerordentliche Gabe, uns flexibel an neue Situationen anzupassen. Zahllose Generationen vor uns haben bewiesen, dass wir Schwieriges meistern können. Wir sind zäh und wir sind viele.

Es gilt also, unsere Resignation zu überwinden, uns zusammenzuschließen mit anderen und ab heute Schritt für Schritt nach unseren individuellen Möglichkeiten ins Handeln zu kommen und dabei die richtigen Prioritäten zu setzen. Doch wie groß ist diese Aufgabe tatsächlich, die da vor uns allen liegt? Gefühlt stehen wir einsam, allein und winzig klein vor einem unbezwingbaren dunklen Bergmassiv. In einem Videointerview von 2022 schenkt uns der renommierte Historiker, Philosoph und Autor

Yuval Noah Harari eine absolut überraschende, hoffnungsvolle und ermächtigende Erkenntnis:

> Was würde es kosten, die Klimakatastrophe zu verhindern? Müssten wir 50 Prozent unseres globalen Gesamtbudgets dafür aufwenden? 30 Prozent? (…) Mein Team und ich haben wochenlang Berichte und wissenschaftliche Abhandlungen durchforstet. Wenn die Menschheit ihre jährlichen Investitionen in saubere Technologien und Infrastrukturen um etwa zwei Prozent des globalen Bruttoinlandsprodukts (BIP) erhöht, sollte das ausreichen, um die Klimakatastrophe zu verhindern. Ein absolut machbares Projekt also, auch wenn es natürlich viel Geld kosten würde. Wir müssen nur unsere Prioritäten richtig setzen.[152]

---

[152] Harari (2022), o. S.

Laut Harari haben Nationen auf der ganzen Welt im Jahr 2020 beinahe 14 Prozent des globalen BIPs zur Bekämpfung der Coronapandemie ausgegeben. Wenn wir als Gesellschaft also genügend Druck auf unsere Politikerinnen und Politiker aufbauen, könnten sie dasselbe tun und die Klimakrise durchaus bewältigen. Das, was wir jetzt brauchen, ist kein Wunder, sondern das entschlossene, gezielte Handeln von uns Bürgerinnen und Bürgern.

Auf Hararis Website Sapienship.co formuliert er diese Forderung mit dem griffigen Slogan (eigene Übersetzung):

2 Prozent mehr:
Ein kleines Stück des Kuchens –
ein riesiger Schritt für die Menschheit.

Wenn du also das nächste Mal jemandem begegnest, der behauptet, die Klimakrise sei unabwendbar, kannst du wahrheitsgemäß erwidern:

»Im Gegenteil: Um die Klimakrise aufzuhalten, brauchen wir nur 2 Prozent mehr des globalen Kuchens für saubere Investitionen!«

Ich freue mich, das mit dir gemeinsam anzupacken, und hoffe, dieses Buch hat dir interessante Einblicke und Impulse beschert.

Herzlichste Grüße
Dominique Ellen van de Pol

We need so much less than we take.

We owe so much more than we give.

Squirrels plant thousands of trees every year

just from forgetting where they left their acorns.

If we aimed to be just half as good

as one of the earth's mistakes,

we could turn so much around.

Our living would be seed,

the future would have roots.

Wir brauchen so viel weniger, als wir uns nehmen.

Wir sind so viel mehr schuldig, als wir geben.

Eichhörnchen pflanzen Tausende Bäume jedes Jahr,

nur weil sie vergessen, wo sie ihre Eicheln gelassen haben.

Würden wir versuchen, nur halb so gut zu sein

wie einer dieser Fehler unserer Erde,

könnten wir so vieles umkehren.

Unser Leben wäre ein Samen,

die Zukunft hätte Wurzeln.[153]

(Andrea Gibson)

---

[153] Gibson (2021), S. 39, eigene Übersetzung.

Danksagung

Von Herzen danke ich jeder Leserin und jedem Leser, die sich mit mir auf diese gedankliche Reise begeben haben. Meinem Ehemann und partner in crime Joël, der mich von Anfang an bestärkt hat, dieses neue Buch in die Welt zu bringen. Meiner geliebten Tochter Noëmi, die mich täglich daran erinnert, warum es so wichtig ist, dass wir jungen Menschen ein möglichst unbeschwertes und sicheres Leben auf diesem Planeten ermöglichen. Sie ist der wichtigste Antrieb für mich und mein Engagement für Klimaschutz und Nachhaltigkeit und der Grund, weshalb ich mehr über die Klimagefühle von Kindern und Jugendlichen erfahren wollte. Darüber hinaus bedanke ich mich herzlich bei meiner Agentin Kristina Langenbuch von der Literaturagentur Langenbuch & Weiß, durch die der Kontakt zum Sachbuchverlag Topicus entstand und die mich bei den Vertragsverhandlungen unterstützt hat. Katrin Bussac – meine Ansprechpartnerin im Verlag – hat dieses Buch von Stunde eins an mit Begeisterung, Wohlwollen und Geduld begleitet, und es war mir eine riesige Freude, so eng und intensiv mit ihr zusammenzuarbeiten. Auch meiner Entwicklungslektorin Ute Köhler, die die erste Version meines Manuskripts sichtete und mir hilfreiches Feedback schenkte, danke ich von Herzen. Genauso gilt mein Dank der engagierten Psychologin Vera Wülker (für das ausgiebige Interview) und ihren Kolleginnen bei den Psychologists4Future hier im Ruhrgebiet, deren Veranstaltungen mir zahlreiche berührende, anregende und zutiefst heilsame Erlebnisse beschert haben. Zuletzt möchte ich mich bei all den tollen Menschen bedanken, mit denen ich mich im Alltag austauschen darf: bei meiner Mama Hilde, meiner Patentante Deva, meiner besten Freundin Sandra, dem Rest meiner grandiosen Familie sowie meiner hiesigen Mädelsgang Natalia, Lami und Sandra, die mir immer wieder so viel Lebensfreude, Unterstützung und Liebe zuteilwerden lassen.

Quellenverzeichnis

Aekyoung, Kim, Maglio, Sam J. (2018): Vanishing time in the pursuit of happiness, in: Psychon Bull Rev. 25(4), S. 1337–1342.

Akenji, Lewis et al. (2019): 1.5-Degree Lifestyles: Targets and Options for Reducing Lifestyle Carbon Footprints, iges.or.jp/en/pub/15-degrees-lifestyles-2019/en, abgerufen am 12.11.2023.

Allianz pro Schiene (2019): Treibhausgas-Emmissionen in Deutschland (auf Basis von Daten des Umweltbundesamts Deutschland von 2018), allianz-pro-schiene.de/wp-content/uploads/2019/07/190716_emissionen_verkehr_de.pdf, abgerufen am 19.4.2023.

Alter, Lloyd (2021): Living the 1.5-Degree Lifestyle: Why Individual Climate Action Matters More than Ever, New Society Publishers.

Aphorismen.de (o. J.a): Aphorismus zum Thema Entscheidung von Thomas Carlyle, aphorismen.de/zitat/4447, abgerufen am 28.11.2023.

Aphorismen.de (o. J.b): Aphorismus zum Thema Zeit von Ernst Ferstl, aphorismen.de/zitat/32347, abgerufen am 2.11.2023.

Asdecker, B. (2023): Statistiken Retouren Deutschland – Definition, retourenforschung.de/definition_statistiken-retouren-deutschland.html, abgerufen am: 14.8.2023.

Aurel, Mark (2020): Selbstbetrachtungen. In einer Neuübersetzung von Gregory Hays, FinanzBuch Verlag.

Baldwin, James (1962): As Much Truth As One Can Bear, New York Times, 14.1.1962.

Barmer.de (o. J.): CO_2-Rechner: Jetzt Bilanz Ihrer Einkäufe berechnen, barmer.de/gesundheit-verstehen/mensch/gesundheit-2030/nachhaltigkeit/co2-rechner-lebensmittel-1137222, abgerufen am 17.11.2023.

Bayerische Landesanstalt für Weinbau und Gartenbau, Online-Artikel: »Der CO_2-Fußabdruck der Fränkischen Weinwirtschaft«, https://www.lwg. bayern.de/weinbau/087354/index.php, abgerufen am 14.10.2023.

Bayerischer Rundfunk.de (14.2.2024): Stromsparen, wenn man ohne Vorheizen backt? br.de/radio/bayern1/ofen-vorheizen-100.html, abgerufen am 23.2.2024.

Blickle, Paul et al. (2023): In welcher Klimazukunft werden wir leben? zeit. de/wissen/umwelt/2023-03/ipcc-bericht-klimawandel-weltklimarat-zukunft, abgerufen am 10.4.2023.

Bronswijk, Katharina van (2021): Vortrag »How your climate emotions can save the world« an der Hochschule St. Gallen im Dezember 2021, ted. com/talks/katharina_van_bronswijk_how_your_climate_emotions_can_ save_the_world, abgerufen am 9.11.2023.

Bundesministerium für Ernährung und Landwirtschaft (21.6.2023b): Lebensmittelabfälle in Deutschland: Aktuelle Zahlen zur Höhe der Lebensmittelabfälle nach Sektoren, https://www.bmel.de/DE/themen/ ernaehrung/lebensmittelverschwendung/studie-lebensmittelabfaelle-deutschland.html, abgerufen am 23.2.2024.

Bundesministerium für Ernährung und Landwirtschaft (21.6.2023b): Lebensmittelabfälle in privaten Haushalten unter die Lupe genommen, bmel.de/DE/themen/ernaehrung/lebensmittelverschwendung/gfk-studie.html, abgerufen am 23.2.2024.

Bunk, Anneliese: »Lecker kochen, aber nachhaltig: Rezepte, Einkaufstipps und Nachhaltigkeitstricks«, Gräfe und Unzer Verlag GmbH München (2022).

Byron Katie (2012): Anleitung zu The Work, thework.com/wp-content/uploads/2019/03/AnleitungzuTheWork.pdf, abgerufen am 15.3.2023.

Byron Katie und Katz, Michael: Ich brauche deine Liebe – ist das wahr? (2012), Wilhelm Goldmann Verlag.

Byron Katie, The Work of: Eine Einführung (2013), https://thework.com/wp-content/uploads/2019/02/The-Work-of-Byron-Katie-Little-Book-German.pdf , abgerufen am 13.3.24.

Chinasamy, Jasmine (2019): ›A monstrous disposable industry‹: Fast facts about fast fashion, unearthed.greenpeace.org/2019/09/12/fast-facts-about-fast-fashion, abgerufen am 5.7.2023.

Chödrön, Pema: »Den Sprung wagen – Wie wir uns von destruktiven Gewohnheiten und Ängsten befreien«, Goldmann, Random House (2013).

Clausen, Jens, Schramm, Stefanie, Hintemann, Ralph (2019): CliDiTrans Werkstattbericht 3-2: Virtuelle Konferenzen und Online-Zusammenarbeit in Unternehmen: Effektiver Klimaschutz oder Mythos? Borderstep Institut für Innovation und Nachhaltigkeit.

DAK Gesundheit (2021): MV: Frauen mit Höchststand bei den psychischen Erkrankungen im Corona-Jahr, www.dak.de/dak/landesthemen/psychreport-2021-2439662.html, abgerufen am 28.11.2023.

Deutschlandfunk.de (19.5.2021): Klima und Flugreisen. »Keine menschliche Aktivität verursacht mehr Emissionen in so kurzer Zeit«, Stefan Gössling im Gespräch mit Georg Ehring, deutschlandfunk.de/klima-und-flugreisen-keine-menschliche-aktivitaet-100.html, abgerufen am 12.9.2023.

Doyle, Glennon: Ungezähmt, Rowohlt, 2. Auflage, 2020, Übersetzung aus dem Englischen von Sabine Längsfeld, S. 17.

Drake, Christopher L., Roehrs, Timothy, Roth, Thomas (2003): Insomnia causes, consequences, and therapeutics: an overview, in: Depression and Anxiety, 18(4), S. 163–176.

EAT-Lancet Comission: The Planetary Health Diet, https://eatforum.org/eat-lancet-commission/the-planetary-health-diet-and-you, abgerufen am 12.3.24.

Eberle, Birgit (2019): Resilienz ist erlernbar.

Ehlers, Sunita (o. J.): Zitate zum Thema Selbstliebe und Selbstfürsorge, suni-taehlers.de/zitate-zum-thema-selbstliebe-und-selbstfuersorge, abgerufen am 2.11.2023.

eiab.eu: Grundlagen der Praxis: Essmeditation – Die fünf Betrachtungen auf der Homepage des Europäischen Instituts für Angewandten Buddhismus, https://www.eiab.eu/index.php?index=47, abgerufen am 11.3.2024.

Elhacham, Emily, Ben-Uri, Liad, Grozovski, Jonathan, Bar-On, Yinon M., Ben-Uri, Ron Milo (2020): Global human-made mass exceeds all living biomass, in: Nature, 588, S. 442–444.

Esfahani Smith, Emily (2018): Glück allein macht keinen Sinn. Die vier Säulen eines erfüllten Lebens, Mosaik.

Esfahani Smith, Emily im Interview mit dem Mosaik-Verlag, bei dem sie die Entwicklung ihres Säulenmodels erläutert: https://www.penguin.de/ Emily-Esfahani-Smith-im-Gespraech-zu-Glueck-allein-macht-keinen-Sinn/Interview/aid79274_15914.rhd, abgerufen am 9.11.2023.

Fashion Revolution, Fashion Transparency Index 2019 Edition, https://www. fashionrevolution.org/about/transparency/, abgerufen am 13.3.2024.

Fischer, Tin und Knuth, Hannah, Artikel auf zeit.de »Grün getarnt« vom 1.5.2023, https://www.zeit.de/2023/04/co2-zertifikate-betrug-emissi-onshandel-klimaschutz, abgerufen am 5.5.2023.

Foer, Jonathan Safran (2010):Tiere essen, 11. Aufl., Kiepenheuer&Witsch.

Fox, Harriet (8.4.2022): Top 10 EU emitters all coal power plants in 2021, ember-climate.org/insights/research/top-10-emitters-in-the-eu-ets-2021, abgerufen am 6.11.2023.

Fuhrhop, Daniel (2015): Verbietet das Bauen! Eine Streitschrift, Abriss und Flächenfraß oekom.

Gibson, Andrea (2021): You better be lightning, Button Publishing, Auszug aus »Homesick: A plea for our planet«.

Gibson, Andrea (2023): Beitrag auf Instagram am 21.5.2023, https://www. instagram.com/p/Csg-Y9EuTCi/?hl=de, abgerufen am 10.10.2023.

Global Fashion Agenda und McKinsey: Report »Fashion on Climate« https:// globalfashionagenda.org/fashion-on-climate/, abgerufen am 13.3.2024.

Goodreads (o. J.): Zitate von Thích Nhất Hạnh, goodreads.com/work/ quotes/40321244-no-mud-no-lotus-the-art-of-transforming-suffering, abgerufen am 12.3.2024.

Göpel, Maja: »Unsere Welt neu denken. Eine Einladung«, Ullstein (2020).

Gore, Al (2006): Eine unbequeme Wahrheit, Riemann.

Gössling, S. und Humpe, A., Fachartikel auf ScienceDirect.com: »The global scale, distribution and growth of aviation: Implications for climate change.« Global Environmental Change 65, 102194 (2020), https:// www.sciencedirect.com/science/article/pii/S0959378020307779, abgerufen am 14.10.2023.

Graver, B., Zhang, K. and Rutherford, D.: »CO_2 emissions from commercial aviation« (2019), Bericht für das icct (International Council on Clean Transportation), https://theicct.org/sites/default/files/publications/ ICCT_CO2-commercl-aviation-2018_20190918.pdf, abgerufen am 14.10.2023.

Greenpeace (2023): Report: »Die Label-Masche«, greenpeace.de/publikatio-nen/Greenpeace_Report_Greenwashing_Fast_Fashion.pdf, abgerufen am 9.8.2023.

Greenpeace (24.4.2023): Greenpeace-Report: Zehn Jahre nach Textilfa-brik-Einsturz mehr Greenwashing statt wirklicher Verbesserungen, Pressemitteilung, presseportal.greenpeace.de/225292-greenpeace-report-zehn-jahre-nach-textilfabrik-einsturz-mehr-greenwashing-statt-wirklicher-verbesserungen, abgerufen am 9.11.2023.

Gröger, Jens (2020): Digitaler CO_2-Fußabdruck. Datensammlung zur Ab-schätzung von Herstellungsaufwand, Energieverbrauch und Nutzung digitaler Endgeräte und Dienste, https://www.oeko.de/fileadmin/oeko-doc/Digitaler-CO2-Fussabdruck.pdf, abgerufen am 4.9.2023.

Große, Patrick (21.10.2019): Methan: Der böse Zwillingsbruder von CO_2, dw.com/de/methan-der-b%C3%B6se-zwillingsbruder-von-co2/a-49208882, abgerufen am 6.6.2023.

Guise, Stephen (2013): Mini Habits: Smaller Habits, Bigger Results, CreateSpace Independent Publishing Platform.

Gurman, Tzofnat et al. (2021): Effect of Inquiry-Based Stress Reduction (IBSR) Intervention on Well-Being, Resilience and Burnout of Teachers during the COVID-19 Pandemic, in: International Journal of Environmental Research and Public Health, 18(7), S. 3689.

Harari, Yuval Noah (2022): Video: The actual cost of preventing climate breakdown, ted.com/talks/yuval_noah_harari_the_actual_cost_of_preventing_climate_breakdown/transcript, abgerufen am 12.3.2024.

Hawkins, David Ramon (2014): Loslassen. Der Pfad widerstandsloser Kapitulation, Sheema. Originaltitel Letting go – The Pathway of Surrender, Veritas, 2012.

Heinrich Böll Stiftung (2021): Fleischatlas 2021. Daten und Fakten über Tiere als Nahrungsmittel, https://www.boell.de/de/de/fleischatlas-2021-jugend-klima-ernaehrung, abgerufen am 6.11.2023.

Heinrich, S. und Armbrust, L., Online-Artikel auf watson.de: »Zu Hause Wasser mit Sodastream sprudeln: Wie nachhaltig das wirklich ist« (2023), https://www.watson.de/nachhaltigkeit/greenProzent20lab/412576410-wasser-zu-hause-mit-sodastream-sprudeln-so-nachhaltig-ist-er-wirklich, abgerufen am 14.10.2023.

Helm, Sabrina, Serido, Joyce, Ahn, Sun Young, Ligon, Victoria, Shim, Soyeon (2019): Materialist values, financial and pro-environmental behaviors, and well-being, in: Young Consumers, 20(4), S. 264–284.

Hickman, Caroline et al. (2021): Climate anxiety in children and young people and their beliefs about government responses to climate change: a global survey, in: The Lancet, 5(12), S. E863–E873.

Höchsmann, Christoph et al. (2018): Effect of E-Bike Versus Bike Commuting on Cardiorespiratory Fitness in Overweight Adults: A 4-Week Randomized Pilot Study, in: Clinical Journal of Sport Medicine, 28(3): S. 255–265.

Hoffmann, Solvejg (2017): Die schönsten Zitate von Astrid Lindgren, geo. de/geolino/17799-rtkl-zitate-die-schoensten-zitate-von-astrid-lindgren, abgerufen am 8.11.2023.

Hollingsworth, Joseph et al.: »Are e-scooters polluters? The environmental impacts of shared dockless electric scooters« (2.8.19), Environmental Research Letters, 14 084031, https://iopscience.iop.org/article/10.1088/1748-9326/ab2da8, abgerufen am 15.11.2023.

Hot or Cool Institute (2022): Unfit, Unfair, Unfashionable. Resizing Fashion for a Fair Consumption Space, hotorcool.org/resources/unfit-unfair-unfashionable-resizing-fashion-for-a-fair-consumption-space-2, abgerufen am 18.8.2023.

I.L.A. Kollektiv: »Das gute Leben für alle. Wege in die solidarische Lebensweise«, oekom Verlag München (2019).

Institut für Energie- und Umweltforschung Heidelberg, Artikel: »Umweltbilanz von Fruchsäften«, https://www.ifeu.de/umweltbilanz-von-fruchsaeften/, abgerufen am 14.10.2023.

Ione, Avila-Palencia et al. (2010): The effects of transport mode use on self-perceived health, mental health and social contact measures: A cross-sectional and longitudinal study, zora.uzh.ch/id/eprint/153110/1/ZORA153110.pdf, abgerufen am 21.9.2023.

IONOS (29.1.2018): Informationsüberflutung in Zeiten der Massenmedien, ionos.de/digitalguide/online-marketing/verkaufen-im-internet/informationsueberflutung-das-zuviel-an-werbung, abgerufen am 3.8.2023.

Jungmichel, Norbert, Nill, Moritz, Wick, Kordula (2021): KonsUmwelt. Kurzstudie zur globalen Umweltinanspruchnahme unseres privaten Konsums, umweltbundesamt.de/publikationen/konsumwelt, abgerufen am 31.10.2023.

Kahneman, Daniel, Deaton, Angus (2010): High income improves evaluation of life but not emotional well-being, princeton.edu/~deaton/downloads/deaton_kahneman_high_income_improves_evaluation_August2010.pdf, abgerufen am 8.11.2023.

Lamb, William F. et al.: »A review of trends and drivers of greenhouse gas emissions by sector from 1990 to 2018«, Environmental Research Letters 16(7) (2021).

Marquard, Matthias (2021): Erschöpft: Warum uns allen die Kraft ausgeht – und was wir dagegen tun können, 2. Aufl. Lübbe Life.

Masuno, Shunmyō (2019): Zen. The Art of Simple Living, Penguin Random House.

Mauritz, Sebastian: Online-Artikel »Die Geschichte der Resilienz« auf Resilienz-Akademie.com vom 15.1.2020 (aktualisiert: 27.11.2022), https://www.resilienz-akademie.com/die-geschichte-der-resilienz/#:~:text=Der%20Begriff%20Resilienz%20wurde%20in,zur%20Resilienz%20bei%20Kleinkindern%20fest, abgerufen am 11.3.2024.

Meadows, Donella H., Randers, Jørgen, Behrens, William III (2004): Limits to Growth: The 30-Year Update, Chelsea Green Publishing.

Nelles, David, Serrer, Christian (2021): Machste dreckig – Machste sauber. Die Klimalösung, ohne Verlag.

Neubauer, Luisa, Repenning, Alexander (2019): Vom Ende der Klimakrise. Eine Geschichte unserer Zukunft, Klett-Kotta.

Nier, Hedda (2019): Statista/YouGov-Umfrage. Mehrheit der Deutschen sorgt sich um den Klimawandel, statista.com/infografik/18082/einstellung-der-deutschen-zum-klimawandel, abgerufen am 17.4.2023.

Nieskes, Jana (20.3.2023), Online-Artikel auf zdf.de: »Abschlussbericht des IPCC – Weltklimarat mahnt zu sofortigem Handeln«, https://www.zdf.de/nachrichten/panorama/weltklimarat-bericht-klimawandel-100.html, abgerufen am 14.3.2024.

Nossin, Jana (2016): Mahatma Gandhi - Seine Lehren sind gerade heute wieder brandaktuell, uni.de/redaktion/mahatma-gandhi, abgerufen am 2.11.2023.

Oishi Shigehiro, Diener, Ed (2014): Residents of poor nations have a greater sense of meaning in life than residents of wealthy nations, in: Psychological Science, 25(2): S. 422–430.

Öko-Institut e. V., Grafik: »Bio für den Klimaschutz«, (2014), https://www.flickr.com/photos/oekoinstitut/15094842566/in/album-72157647133673111, abgerufen am 12.9.2023.

Ökotest.de (4.7.2020): Leitungswasser trinken? Besser als Mineralwasser aus Flaschen! Das sind die Gründe, oekotest.de/essen-trinken/Leitungswasser-trinken-Besser-als-Mineralwasser-aus-Flaschen-Das-sind-die-Gruende_11316_1.html, abgerufen am 2.6.2023.

Ökotest.de (2022): Ökostrom-Vergleich: Diese Tarife der Ökostromanbieter sind »mangelhaft«, oekotest.de/bauen-wohnen/Oekostrom-Vergleich-Diese-Tarife-der-Oekostromanbieter-sind-mangelhaft_12592_1.html, abgerufen am 25.8.2023.

Oxfam Deutschland e. V., Klima der Ungerechtigkeit: Wie extremer Reichtum weltweit die Klimakrise, Armut und Ungleichheit verschärft, Oxfam Deutschland (November 2023), S. 4, https://www.oxfam.de/system/files/documents/20231120-oxfam-klima-ungleichheit.pdf, abgerufen am 13.3.2024.

Patel, Devki A., Graupmann, Verena, Ferrari Joseph R. (2023): Reactance, Decisional Procrastination, and Hesitation: A Latent Class Analysis of Clutter Behavior, in: International Journal of Environmental Research and Public Health, 20(3), S. 2061.

Peters, Glen P., Hertwich, Edgar G. (2008): CO_2 Embodied in International Trade with Implications for Global Climate Policy, in: Environmental Science & Technology, 42(5), S. 1401–1407.

Pfleger, Lisa: »Vegan, regional, saisonal: Einfache Rezepte für jeden Tag«, 204, Eugen Ulmer (2014).

Poore, Joseph, Nemecek, T. (2018): Reducing food's environmental impacts through producers and consumers, in: Science, 360(6392), S. 987–992.

Potsdam Institut für Klimafolgenforschung (PIK) und THEMA1, Ergebnisbericht: »Product Carbon Footprinting – Ein geeigneter Weg zu klimaverträglichen Produkten und deren Konsum?« (2009), https://www.pcf-projekt.de/files/1241099725/ergebnisbericht_2009.pdf, abgerufen am 5.6.2023.

Quarks.de (2.8.2019): So gesund ist das E-Bike wirklich, www.quarks.de/technik/mobilitaet/so-gesund-ist-das-e-bike-wirklich, abgerufen am 14.11.2023.

Quarks.de, Online-Artikel: »E-Scooter: Darum ist ihre Klimabilanz gar nicht mal so gut.« (3.9.2019, aktualisiert am 20.7.2023, https://www.quarks.de/technik/mobilitaet/e-scooter-darum-ist-ihre-klimabilanz-gar-nicht-mal-so-gut, abgerufen am 14.11.2023.

Ragusa, Antonio et al. (2022): Raman Microspectroscopy Detection and Characterisation of Microplastics in Human Breastmilk, in: Polymers (Basel), 14(13), S. 2700.

Reimer, Nick und Staud, Toralf: »Deutschland 2050 – Wie der Klimawandel unser Leben verändern wird«, Sonderausgabe für die Bundeszentrale für politische Bildung, Verlag Kiepenheuer & Witsch (2021).

Richards, Alyssa (2019): What happens when you stop arguing with reality, mybestself101.org/blog/2019/10/22/what-happens-when-you-stop-arguing-with-reality, abgerufen am 3.11.2023.

Ritchie, Hannah (24.1.2020): You want to reduce the carbon footprint of your food? Focus on what you eat, not whether your food is local, ourworldindata.org/food-choice-vs-eating-local, abgerufen am 14.10.2023.

Ritchie, Hannah, Online-Artikel publiziert auf Our World in Data, Artikel: »Less meat is nearly always better than sustainable meat, to reduce your carbon footprint« (2020), https://ourworldindata.org/less-meat-or-sustainable-meat, abgerufen am 30.5.2023.

Ritchie, Hannah, Online-Artikel publiziert auf Our World in Data: »How much of global greenhouse gas emissions come from food?« (2021), https://ourworldindata.org/greenhouse-gas-emissions-food, abgerufen am 22.5.2023.

Ritchie, Hannah, Rosado, Pablo, Roser, Max (2022): Environmental Impacts of Food Production, ourworldindata.org/environmental-impacts-of-food, abgerufen am 25.5.2023.

Rößiger, Monika (23.8.2018): Die giftige Fracht im Mikroplastik, spektrum.de/news/die-giftige-fracht-im-mikroplastik/1585272, abgerufen am 13.11.2023.

Salleh, M. Razali (2008): Life Event, Stress and Illness, in: Malaysian Journal of Medical Sciences, 15(4): 9–18.

Sapienship.co (o. J.): Initiative: 2 Prozent more! One small piece of the pie; one giant leap for humankind, sapienship.co/decision-makers/2-percent-more, abgerufen am 10.1.2024.

Science Media Center Germany (2023), virtuelle Pressekonferenz »Veröffentlichung des Syntheseberichts des Sechsten Sachstandsbericht des IPCC« am 20.3.23, https://www.sciencemediacenter.de/alle-angebote/press-briefing/details/news/veroeffentlichung-des-syntheseberichts-des-sechsten-sachstandsbericht-des-ipcc/#:~:text=Matthias%20Garschagen,-Professor%20am%20Lehrstuhl&text=»Wir%20sehen%20den%20Klimawandel%20auch,bisschen%20Erwärmung%20massiv%20ansteigen%20werden., abgerufen am 14.3.2024.

Schmidt, Katharina, Online-Artikel auf Utopia.de: »Studie: Welche Lebensmittel haben den größten CO_2-Fußabdruck?« (2022), https://utopia.de/news/studie-nachhaltige-lebensmittel-co2-fussabdruck-ananas-garnele/, abgerufen am 14.10.2023.

Schmidt, Katharina, Online-Artikel für Utopia.de: »Netflix, Youtube, Spotify: So klimaschädlich ist Streaming wirklich« (2021), https://utopia.de/ratgeber/streaming-dienste-klima-netflix-co2, abgerufen am 4.9.2023.

Siebert, Daniela (5.10.2015): Schädlich für die Augen: auf das Handy starren, deutschlandfunk.de/gesundheit-schaedlich-fuer-die-augen-auf-das-handy-starren-100.html, abgerufen am 11.10.2023.

Söderström, Marie, Jeding, Kerstin, Ekstedt, Mirjam, Perski, Aleksander, Akerstedt, Torbjörn (2012): Insufficient Sleep Predicts Clinical Burnout, in: Journal of Occupational Health Psychology, 17(2), S. 175–183.

Statista (2023): Konsumausgaben der privaten Haushalte in Deutschland für Bekleidung und Schuhe in den Jahren 1991 bis 2022, statista.com/statistik/daten/studie/161570/umfrage/konsumausgaben-privater-haushalte-in-deutschland-fuer-bekleidung-zeitreihe, abgerufen am 8.11.2023.

Statista (2024a), CO_2-Emissionen: Größte Länder nach Anteil am weltweiten CO_2-Ausstoß im Jahr 2022, statista.com/statistik/daten/studie/179260/umfrage/die-zehn-groessten-c02-emittenten-weltweit, abgerufen am 25.4.2023.

Statista (2024c): Durchschnittliche jährliche Treibhausgasbilanz pro Person in Deutschland (konsumbasiert), https://de.statista.com/statistik/daten/studie/1275275/umfrage/treibhausgasbilanz-pro-person/, abgerufen am 13.3.2024

Statista (2024b): Energiebedingte CO_2-Emissionen pro Kopf weltweit nach ausgewählten Ländern im Jahr 2022 (in Tonnen), statista.com/statistik/daten/studie/167877/umfrage/co-emissionen-nach-laendern-je-einwohner, abgerufen am 25.4.2023.

Statista (2024): Statistiken zum Thema Retouren im Online-Handel, statista. com/themen/3112/retouren-im-online-handel/#topicOverview, abgerufen am 14.8.2023.

Strunz, Ulrich (2022): Das Stress-weg-Buch – Das Geheimnis der Resilienz. Was Stress mit unserem Körper macht und wie wir ihn von innen abstellen können, Heyne.

Stutz, Phil (2022): Dokumentarfilm »Stutz«, Regie: Jonah Hill.

Svendsen, Ernest Holm (o. J.): Podcast-Serie »Ernest's Podscasts on The Work of Byron Katie«. https://www.theartofbeinghuman.com/podcasts.html, abgerufen am 13.3.2024.

Swiss Life Deutschland (2021): Gestresste Frauen: 93 % litten in den vergangenen Monaten unter Stress, https://www.swisslife.de/ueber-swiss-life/medienportal/news/2021/21-07-16-stress-studie.html, abgerufen am 28.12.2023.

SWR1 Rheinland-Pfalz, Radiointerview mit Dr. Marquard in der Sendung »Leute«, 11.4.2021, 10:00 Uhr, www.swr.de/swr1/rp/leute/swr1-leute-mit-dr-matthias-marquardt-100.html, abgerufen am 28.11.2023.

Tackmann, Undine (18.9.2022): 6 clevere Stromspartipps, die bares Geld wert sind, aroundhome.de/energieeffizientes-wohnen/energiekosten-sparen/clevere-stromspartipps, abgerufen am 28.8.2023.

Tagesschau.de (20.3.2023): Matthias Garschagen, Ludwig-Maximilians-Universität München, zum Bericht des Weltklimarats IPCC, tagesschau.de/multimedia/video/video-1171295.html, abgerufen am 31.3.2023.

Tagesschau.de, Interview mit Prof. Dr. Matthias Garschagen (Mitautor des Syntheseberichts des Weltklimarates: »Noch haben wir es selbst in der Hand _ IPCC legt Bericht vor« (20.3.23), https://www.tagesschau.de/wissen/klima/ipcc-synthesebericht-weltklimarat-erderwaermung-101.html abgerufen am 14.3.2024

Tennie, Claudio, et al.: Ratcheting up the ratchet: on the evolution of cumulative culture (2009), Phil. Trans. R. Soc. B3642405–2415, http://doi.org/10.1098/rstb.2009.0052.

Thích Nhất Hạnh (2007): Ich pflanze ein Lächeln. Mit einem Vorwort des Dalai Lama, Goldmann.

Thích Nhất Hạnh (2014): Liebesbrief an die Erde, nymphenburger.

Thích Nhất Hạnh (2015): Ohne Schlamm kein Lotos. Die Kunst, Leiden zu verwandeln, nymphenburger.

Thích Nhất Hạnh (2022): Zen und die Kunst, die Welt zu retten. Heilung und Harmonie für uns selbst und die Erde, Lotos.

Umweltbundesamt (10.5.2023): Kohlendioxid-Emissionen im Bedarfsfeld »Wohnen«, umweltbundesamt.de/daten/private-haushalte-konsum/wohnen/kohlendioxid-emissionen-im-bedarfsfeld-wohnen, abgerufen am 25.8.2023.

Umweltbundesamt (11.2.2016, aktualisiert am 29.9.2023): Wäschetrockner: Bei Kauf und Nutzung auf Energieeffizienz achten, umweltbundesamt.de/umwelttipps-fuer-den-alltag/elektrogeraete/waeschetrockner#wie-sie-am-besten-umweltschonend-ihre-wasche-trocknen, abgerufen am 13.11.2023.

Umweltbundesamt (11.4.2023): Treibhausgas-Emissionen in Deutschland, umweltbundesamt.de/daten/klima/treibhausgas-emissionen-in-deutschland, abgerufen am 19.4.2023.

Umweltbundesamt (14.8.2023): Treibhausgas-Emissionen in der Europäischen Union, umweltbundesamt.de/daten/klima/treibhausgas-emissionen-in-der-europaeischen-union#hauptverursacher, abgerufen am 25.9.2023.

Umweltbundesamt (15.3.2023): UBA-Prognose: Treibhausgasemissionen sanken 2022 um 1,9 Prozent. Mehr Kohle und Kraftstoff verbraucht – mehr Erneuerbare und insgesamt reduzierter Energieverbrauch dämpfen Effekte, Pressemitteilung 11/2023, umweltbundesamt.de/presse/presse-

mitteilungen/uba-prognose-treibhausgasemissionen-sanken-2022-um,
abgerufen am 19.4.2023.

Umweltbundesamt (2020): CO_2-Fußabdrücke im Alltagsverkehr. Datenaus-
wertung auf Basis der Studie Mobilität in Deutschland, Texte 224/2020,
umweltbundesamt.de/sites/default/files/medien/5750/publikatio-
nen/2020_12_03_texte_224-2020_co2-fussabdruecke_alltagsverkehr_0.
pdf, abgerufen am 12.9.2023.

Umweltbundesamt Deutschland (2023a), Online-Artikel: »Sechster Sachstandsbericht des Weltklimarates IPCC« https://www.umweltbundes-
amt.de/themen/klima-energie/grundlagen-des-klimawandels/weltklima-
rat-ipcc/sechster-sachstandsbericht-des-weltklimarates-ipcc#undefined,
abgerufen am 14.3.2024

Umweltbundesamt (2023): Vergleich der durchschnittlichen Emissionen
einzelner Verkehrsmittel im Personenverkehr (Bezugsjahr 2022), um-
weltbundesamt.de/bild/vergleich-der-durchschnittlichen-treibhausgas,
abgerufen am 18.9.2023.

Umweltbundesamt (23.6.2021): Wie hoch sind die Treibhausgasemissionen
pro Person in Deutschland durchschnittlich? umweltbundesamt.de/ser-
vice/uba-fragen/wie-hoch-sind-die-treibhausgasemissionen-pro-person,
abgerufen am 25.4.2023.

Umweltbundesamt (31.1.2023): Konsum und Umwelt: Zentrale Handlungs-
felder, umweltbundesamt.de/themen/wirtschaft-konsum/konsum-um-
welt-zentrale-handlungsfelder/klimaneutral-leben-verbraucher-starten-
durch-beimProzent20-Prozent20textpart-2#bedarfsfelder, abgerufen am
12.6.2023.

Umweltbundesamt (o. J.): CO_2-Rechner, uba.co2-rechner.de, abgerufen am
18.9.2023.

Umweltbundesamt Deutschland, Online-Artikel »Fleischersatz auf Pflanzen-
basis mit bester Umweltbilanz« (2023), https://www.umweltbundesamt.
de/presse/pressemitteilungen/fleischersatz-auf-pflanzenbasis-bester-
umweltbilanz, abgerufen am 30.5.2023.

Umweltbundesamt Deutschland: »Mit Bus und Bahn sicherer und umweltfreundlicher unterwegs« (2023), https://www.umweltbundesamt.de/umwelttipps-fuer-den-alltag/mobilitaet/bus-bahn-fahren#welche-tipps-ihnen-beim-ticketkauf-fur-bus-und-bahn-helfen, abgerufen am 13.6.2023.

Umweltbundesamt Deutschland: Online-Artikel »Einkommen, Konsum, Energienutzung, Emissionen privater Haushalte« (2024), https://www.umweltbundesamt.de/daten/private-haushalte-konsum/strukturdaten-privater-haushalte/einkommen-konsum-energienutzung-emissionen-privater#je-hoher-das-einkommen-desto-hoher-der-konsum, abgerufen am 13.3.2024

Unfried, Peter (14.8.2010): »Tiere essen« von Safran Foer: Veganer bis 17 Uhr, Interview mit Jonathan Safran Foer, taz.de/Tiere-essen-von-Safran-Foer/!5137404, abgerufen am 17.11.2023.

Vaillant.de (o. J.): Richtig heizen im Winter – 13 Tipps zum Energiesparen, vaillant.de/21-grad/rat-und-tat/richtig-heizen-im-winter, abgerufen am 25.8.2023.

von Hirschhausen, Eckart (2021): Mensch, Erde! Wir könnten es so schön haben, dtv.

Wagner, Martin, Oehlmann, Jörg (2009): Endocrine disruptors in bottled mineral water: total estrogenic burden and migration from plastic bottles, in: Environmental Science and Pollution Research, 16, S. 278–286.

Walk, Dr. med. Ute: »Mehr Energie in 4 Wochen«, Gräfe und Unzer Verlag München (2023).

Weltklimarat der Vereinten Nationen (2023): Abschlussbericht (Synthesereport) für den 6. Sachstandsbericht, https://www.lpb-bw.de/ipcc, abgerufen am 25.9.2023.

Welzer, Harald (2021): Nachruf auf mich selbst, S. Fischer.

Werner, Emmy E., Bierman, Jessie M., French, Fern E. (1971), The children of Kauai. A longitudinal study from the prenatal period to age ten, University of Hawaii Press.

Wille, Joachim (19.9.2019): »Klimaschädliche Subventionen abbauen«. Interview mit Claudia Kemfert, klimareporter.de/deutschland/klimaschaedliche-subventionen-abbauen, abgerufen am 17.11.2023.

Witsch, Kathrin (2021): Interview mit Viola Wohlgemuth: Klimawandel und Mode – wie beeinflusst unser Konsum die Umwelt? Green Energy Podcast vom 25.5.2021, handelsblatt.com/audio/green-podcast/handelsblatt-green-klimawandel-und-mode-wie-beeinflusst-unser-konsum-die-umwelt/27213190.html, abgerufen am 5.7.2023.

WWF Deutschland (19.8.2021): Driven to Waste: The Global Impact of Food Loss and Waste on Farms, worldwildlife.org/publications/driven-to-waste-the-global-impact-of-food-loss-and-waste-on-farms, abgerufen am 30.5.2023.

WWF Deutschland (2021): Klimaschutz, landwirtschaftliche Fläche und natürliche Lebensräume, wwf.de/fileadmin/fm-wwf/Publikationen-PDF/Landwirtschaft/kulinarische-kompass-klima.pdf, abgerufen am 21.1.2022.

WWF Deutschland (o. J.): WWF-Klimarechner, wwf.de/themen-projekte/klima-energie/wwf-klimarechner, abgerufen am 12.5.2023.

Zadok-Gurman, T. et al.: Effect of Inquiry-Based Stress Reduction (IBSR) Intervention on Well-Being, Resilience and Burnout of Teachers during the COVID-19 Pandemic, veröffentlicht am 1.4.2021 im International Journal of Environmental Research and Public Health. 2021; 18(7):3689 (Dieses Journal verwendet ausschließlich Artikelnummern statt Seitenzahlen), https://doi.org/10.3390/ijerph18073689, abgerufen am 11.3.2024.

Zeit online (1.5.2023): Grün getarnt, zeit.de/2023/04/co2-zertifikate-betrug-emissionshandel-klimaschutz, abgerufen am 5.5.2023.

Zitate berühmter Personen (o. J.): Byron Katie, beruhmte-zitate.de/autoren/byron-katie, abgerufen am 3.11.2023.

Zitate berühmter Personen (o. J.): John Steinbeck, beruhmte-zitate.de/autoren/john-steinbeck, abgerufen am 2.11.2023.

FOLGE DER AUTORIN AUF AMAZON

Wenn dir dieses Buch gefallen hat, folge Dominique Ellen van de Pol auf Amazon. Dann erhältst du eine Benachrichtigung, wenn die Autorin ihr nächstes Buch veröffentlicht. Um der Autorin zu folgen, gehe bitte folgendermaßen vor:

Desktop:

1) Suche auf Amazon.de oder in der Amazon App nach dem Namen der Autorin.
2) Klicke auf den Namen der Autorin, um auf die Autorenseite zu gelangen.
3) Klicke auf den »Folgen«-Button.

Smartphone und Tablet:

1) Suche auf Amazon.de oder in der Amazon App nach dem Namen der Autorin.
2) Klicke auf einen Titel der Autorin.
3) Klicke auf den Namen der Autorin, um auf die Autorenseite zu gelangen.
4) Klicke auf den »Folgen«-Button.

Kindle eReader und Kindle App:

Wenn du dieses Buch auf einem Kindle eReader oder in der Kindle App liest, wird dir automatisch angeboten, der Autorin zu folgen, nachdem du die letzte Seite des Buches gelesen hast.

Zeitfracht Medien GmbH
Ferdinand-Jühlke-Straße 7
99095 Erfurt, Deutschland
produktsicherheit@kolibri360.de

Druck:
CPI Druckdienstleistungen GmbH
im Auftrag der
Zeitfracht Medien GmbH
Ein Unternehmen der Zeitfracht - Gruppe
Ferdinand-Jühlke-Str. 7
99095 Erfurt